Udo W. Kliebisch / Roland Meloefski

LehrerSein

Erfolgreich handeln in der Praxis

Band 2

Lehrerhandeln

Kooperatives Lernen

Soziales Lernen

Unterrichtsbesuch

4. überarbeitete und erweiterte Auflage

Schneider Verlag Hohengehren GmbH

Umschlagbild: © Sandra Cunningham – Fotolia.com

Gedruckt auf umweltfreundlichem Papier (chlor- und säurefrei hergestellt).

Bibliografische Information der Deutschen Nationalbibliothek

Die Deutsche Nationalbibliothek verzeichnet diese Publikation in der Deutschen Nationalbibliografie; detaillierte bibliografische Daten sind im Internet über ›http://dnb.d-nb.de‹ abrufbar.

LehrerSein Band 1:	ISBN 978-3-8340-0611-0
LehrerSein Band 2:	ISBN 978-3-8340-0612-7
LehrerSein Band 1+2 zusammen:	ISBN 978-3-8340-0613-4
LehrerAlltag Band 1:	ISBN 978-3-8340-0620-2
LehrerAlltag Band 2:	ISBN 978-3-8340-0621-9
LehrerAlltag Band 1+2 zusammen:	ISBN 978-3-8340-0622-6
LehrerSein + LehrerAlltag 4 Bände zusammen:	ISBN 978-3-8340-0630-1

Schneider Verlag Hohengehren, 73666 Baltmannsweiler

Inhaltsverzeichnis *LehrerSein* (Band 1)

„Bei allem, was wir Kindern beibringen, hindern wir sie daran, es selbst zu entdecken.“

(Jean Piaget)

Hinweise

Soweit in diesem Buch für bestimmte Funktionen und Rollen (z. B. Lehrer / Schüler / Kollegen / Ausbilder / Teilnehmer) nur männliche Formen verwendet werden, sind die weiblichen stets mitgemeint.

Das Buch enthält zahlreiche Arbeitsanregungen. Lösungen zu diesen Aufgaben enthält es nicht. Im pädagogischen Raum gibt es nicht die Lösung schlechthin, die eine Frage abschließend klärt. Die Arbeitsanregungen fordern heraus, sich mit der Aufgabe auf individuelle Weise zu beschäftigen; sie sollen zur Diskussion anregen. Das Gefühl für die Unvollständigkeit der individuellen Lösung ist dabei durchaus beabsichtigt, da es hellhörig machen kann dafür, im Angesicht neuer Bedingungen weiter nach Lösungen zu suchen und Probleme und Fallsituationen aufs Neue zu bedenken. Außerdem soll der Leser ermutigt werden, bei Bedarf weitere Literatur hinzuzuziehen, um seine Fach- und Handlungskompetenz zu erhöhen.

Vorwort zur 4. Auflage

LehrerSein gibt es jetzt in **zwei Bänden**! Das ist auch notwendig und gut: Noch ausführlicher und nützlicher als bisher kann *LehrerSein* jetzt weitreichenden Anforderungen Rechnung tragen, die die Ausbildung an Lehrerinnen und Lehrer stellt. Bildungspolitische Entwicklungen erhöhen vielerorts die Ansprüche an die jungen Kolleginnen und Kollegen, zugleich wird ihr Berufsfeld immer komplexer. Eben diese Komplexität berücksichtigen die Autoren von *LehrerSein*!

Insgesamt vollzieht sich die Eingliederung der Lehramtsanwärterinnen und Lehramtsanwärter in den realen beruflichen Alltag und in die Kollegien immer schneller. Aus Sicht der Seminarausbildung werden dadurch einige Vorteile aber auch einige Probleme bei der Gestaltung des Vorbereitungsdienstes erkennbar, denen man sich stellen muss:

- Ausbildung muss in noch stärkerem Maße als bisher Selbstausbildung sein. Diese Selbstausbildung bedarf aber auch einer besonderen Unterstützung, die das individuelle Einfinden in die Lehrerrolle befördert, Hilfe zur Selbsthilfe betreibt, durch Anleitung und Beratung Stress mindert und die unreflektierte Übernahme etwa rezeptologischer Verfahrensweisen verhindert.
- Die Umsetzung von Verordnungen, Erlassen und erwachsenenpädagogischen Konzepten stützt sich in der Ausbildung auf neue Standards und neue pädagogische Einsichten. Die verschiedenen Lehrerfunktionen müssen daher heute differenzierter als früher wahrgenommen werden.
- Die jungen Kolleginnen und Kollegen müssen die Möglichkeit des Rückgriffs auf bewährte Konzeptionen, didaktische Positionen, methodische Vorschläge, kurzum: auch auf externe Hilfen erhalten. Solche Hilfen sind – gerade im Kontext der Ausbildung in allgemeinpädagogischen Handlungsfeldern – nötig, um Praxisrelevanz zu vermitteln, um als Wissens- und Methodenspeicher zu dienen, vor allem aber um das Bewusstsein für die eigene Situation zu stärken.

Bei der Entwicklung der Fähigkeit zur konstanten professionellen Selbstreflexion im gesamten Berufsleben, zunächst aber auch bei der Orientierung im Berufsfeld und in der Vorbereitung von Prüfungssituationen ist *LehrerSein* eine überaus substanzielle, sach- und methodenkompetente und immer subjektbezogene Hilfe! Die zwei Bände aktivieren Übungspotenziale mit Blick auf konkrete Erfordernisse der Lehrerausbildung; sie leisten einen Beitrag zur Qualitätssicherung von Unterricht, von Lehrhandeln insgesamt. Die Bücher beziehen sich erfreulich pragmatisch und lernerzentriert wirklich auf die komplexe Situation, die die Lehramtsanwärterinnen und Lehramtsanwärter erwartet. Die Autoren sind erfahrene Seminarausbilder, die Arbeitsanregungen geben, Arbeitsmaterial zur Verfügung stellen und den Leser im besten Sinne inspirieren. Sie liefern etwas, dessen Lehramtsanwärterinnen und Lehramtsanwärter wirklich bedürfen: Ein hervorragend geeignetes Lehr- und Lernwerk für die gemeinsame Arbeit im Seminar und für die individuelle Auseinandersetzung und damit für das persönliche Training der Planung, Durchführung und Reflexion nicht nur des Unterrichtens, sondern auch aller anderen Lehrerfunktionen!

Diese Chance zur Erweiterung eigener Kompetenz können auch gestandene Lehrerinnen und Lehrer nutzen: Ihnen bietet *LehrerSein* Einblicke in die jüngste Diskussion um pädagogisches Handeln.

Band 2 veranschaulicht die Qualität von Lehren und Lernen im Kontext der Ausbildung. Die multidimensionale und multiperspektivische Bedeutung der Lehrerfunktionen ist im ersten Kapitel Ausgangspunkt für einen Prozess der Selbstvergewisserung auf Seiten der jungen Kolleginnen und Kollegen. Das zweite Kapitel „Kooperatives Lernen“ akzentuiert Merkmale und Prinzipien der Zusammenarbeit von Lernenden, ehe das dritte Kapitel „Soziales Lernen“ als Schulung sozialer Kompetenzen darstellt. Im vierten Kapitel „Unterrichtsbesuch“ als „Kernsituation“ kulminiert die Frage nach der Qualität von Lehr- und Lernprozessen. Checklisten leiten an zur individuellen Analyse und Entwicklung von Fähigkeiten.

Die konsequente Orientierung am und für den Leser durch Übungen, Anregungen, konkrete Hilfen und Tipps ist das wesentliche Merkmal des Buches. *LehrerSein* ist selbst beispielhaft, gerade weil das Buch so viele „Beispiele“ gibt!

Dortmund, im Mai 2009

Dr. Peter Lücke
(Leiter des Seminars Gymnasium / Gesamtschule, Dortmund)

1. Lehrerhandeln

„Jede Person lebt in ihrer eigenen inneren Erlebniswelt. Sie nimmt Menschen, Gegenstände und Ereignisse in einer nur ihr einzigartigen Weise wahr, mit nur von ihr empfundenen Bedeutungen."

(Tausch / Tausch)

1.1. Unterrichten

„Der Lehrende macht einen Inhalt des Wissens und Könnens zugänglich, der Unterrichtende arbeitet ihn in die Köpfe der Kinder hinein." (Willmann 1998) – Unterrichten ist also mehr als Lehren. Es geht hinsichtlich sowohl der Erziehungsziele als auch der Kompetenzmerkmale im weitesten Sinne um eine Hinführung an die Anforderungen einer pluralen Gesellschaft (⇨ s. hierzu Kap. 2.2.). Ein wichtiger Grundsatz des Unterrichtens ist (neben der Erfahrungsorientierung) die **Schülerorientierung**; sie fordert einerseits das Eingehen auf den Schüler in einer konkreten Unterrichtssituation und fördert andererseits die Selbststeuerung des Lernens durch den Schüler. Der Schüler wird gemäß seinen Lernbedingungen dazu angehalten, mehr oder weniger Initiator und Verantwortlicher seiner Lerntätigkeit zu werden; er kann in unterschiedlichem Ausmaß Unterstützung und Hilfe erfahren und herausfordern. **Schülerorientierter Unterricht** wird demnach grundsätzlich bipolar verstanden. Er bezieht sich auf die Momente:

- Selbststeuerung – Anleitung
- Spontanität – Stimulierung
- Selbstbestimmung – Vorgaben

Bezüglich des Lernens werden Prozesse notwendig, die der Schüler als Subjekt selber leisten muss. „Du kannst einen Menschen nichts lehren. Du kannst ihm nur helfen, dasselbe in sich selbst zu entwickeln." (G. Galilei) Dem Schüler wird ermöglicht, zunehmend mehr seine kognitive Struktur zu konstruieren; er wird durch Probleme in der Sache und durch „Ungleichgewichte" in seinem Denken (kognitive Konflikte) dazu motiviert, sich mit der Sache zu beschäftigen. Ein konstitutives Element des Unterrichts ist somit der **Lehr-/Lernprozess**. Dieser Prozess wird so ausgerichtet, dass die Schüler die Möglichkeit haben, sich ihrem eigenen Erfahrungs- und Lernstand anzuschließen und dem Leitbild des aktiven und selbständigen Arbeitens zu folgen. Daraus ergeben sich Konsequenzen einmal für das Lernarrangement und zum anderen für die Lehrerrolle. Das **Lernarrangement** muss dem Leitbild des aktiven und selbstständigen Lernens dienen und außerdem eine Vernetzung des Wissens ermöglichen. Lerninhalte, Arbeitsformen und Anforderungen sollen dem Entwicklungsstand und (im weiteren Sinne) dem Lernbedürfnis der Schüler entsprechen. Der Unterricht soll dem Schüler neue Erfahrungen erschließen und seine Mitwirkung an

Planungs-, Entscheidungs- und Beurteilungsprozessen ermöglichen. **Der Lehrer verändert seine Rolle**: Er ermöglicht dem Schüler, sein eigenes Lernprogramm zu entwickeln, und führt ihn so an Selbstständigkeit und Mitbestimmung heran.

Die **Schülerorientierung verändert den Unterricht** in vier Dimensionen:

- inhaltliche Dimension (Bezug zur Lebenswelt, Herstellung von Kontexten)
- methodische Dimension (neue Lehrmethoden und Lernformen, Mitgestaltung des Lernprozesses) (⇨ vgl. Kap. 2)
- organisatorische Dimension (veränderte Unterrichtsabläufe, besondere Organisationsformen)
- beurteilende Dimension (veränderte Formen der Leistungsmessung und -beurteilung) (vgl. Kliebisch / Meloefski 2009c)

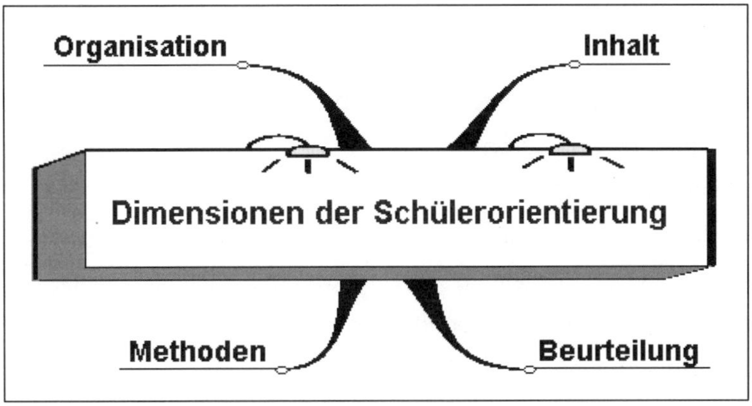

Lehren bezieht sich z. B. auf die **Funktionen**:

- Lernanlässe vorbereiten und Interessen anregen (als Voraussetzung und als Ziel des Unterrichts)
- Lernhilfen anbieten
- Fördermaßnahmen gestalten
- Verständigung über Lernziele mit den Schülern herbeiführen

Der Lehr-/Lernprozess ist ziel- und inhaltsadäquat zu organisieren, damit sich der Schüler als Subjekt seines Lernprozesses erleben kann. Für den Unterricht bedeutet das die Ausrichtung auf Methoden und Sozialformen unter Einsatz von Medien und Materialien, durch die schülerorientiertes Handeln ermöglicht wird. In der Unterrichtsführung ergeben sich daraus einige Konsequenzen: So muss der Lehrer z. B. auf Schüleräußerungen und Schülerverhalten angemessen reagieren und die individuellen Erkenntnisprozesse der Schüler beachten, um die Erkenntniswege nach der aktuellen Aufnahme- und Leistungsfähigkeit der Lernenden variieren zu können. **Schon bei der Planung ist es daher notwendig, mögliche Lernschwierigkeiten und Fehlentwicklungen zu antizipieren** (vgl. a. Eikenbusch / Heymann 2008).

Richtlinien und (Kern)Lehrpläne regeln die allgemeinen und fachlichen Zielsetzungen und nennen die Kompetenzen, die die Schüler mit dem Lernprozess erreichen sollen. Außerdem machen Richtlinien und (Kern)Lehrpläne Aussagen über die Inhalte und deren Verteilung im Bildungsgang. Diese Grundsätze und Vorgaben haben eine Folge: Der Lehrer muss jedem Unterricht eine klare und zielorientierte Planung zugrunde legen. Das komplexe Handlungsfeld Unterrichten wird in **Handlungskompetenzen** zerlegt, die auf eine breiten Fach- und Methodenkompetenz angewiesen sind. Grundlegend sind:

- Lernvoraussetzungen berücksichtigen
- Lerngegenstände auswählen, erstellen oder aufbauen
- Sachstrukturen darstellen
- Unterrichtsziele setzen
- Vermittlungsformen planen
- Maßnahmen zur Gestaltung von Unterrichtsgesprächen festlegen
- Unterrichtsergebnisse sichern (lassen)
- Unterrichtsergebnisse vernetzen
- Unterricht evaluieren
- Unterricht revidieren

Diese Handlungskompetenzen lassen sich weiter differenzieren. Unter der Globalkompetenz „Lernvoraussetzungen" werden z. B. Teilkompetenzen erfasst wie „Interaktionsprozesse in einer Lerngruppe wahrnehmen und analysieren" oder „alters-/stufengemäße Denkweisen ermitteln".

Bezüglich der Vermittlungsformen ist dem traditionellen Unterricht als konstruktives Merkmal eine bestimmte zielgerichtete Verlaufsform eigen. Diese Verlaufsform äußert sich in den Momenten der **Artikulation**. Darunter versteht man allgemein eine Gliederung zum Zwecke der Deutlichkeit. Folglich gibt es für den Unterricht als Prozess eine Abfolge von Phasen (auch Stufen genannt). Die Einhaltung dieser Phasen soll es dem Schüler ermöglichen, die intendierten Lernziele in geeigneter Weise zu erreichen (vgl. Kliebisch / Meloefski 2009d).

Für die Kennzeichnung dieser **Phasen** hat sich im Lauf der Zeit eine breitgefächerte Terminologie herausgebildet. Diese beschreibt in unterschiedlicher Weise sowohl Methoden wissenschaftlicher Forschung als auch vermutete Lern- und Aneignungsphasen; den einzelnen Phasen werden jeweils Lernhilfen zugeordnet. Jedes Lernen kann auf drei Grundakte zurückgeführt werden (**Dreischritt-Modell**):

- Erschließung des Neuen
- Bearbeitung
- Bewährung des Gelernten

Dieses Grundmodell wurde von Pädagogen und Didaktikern in verschiedenen Varianten entwickelt, wodurch spezifische Akzentuierungen der jeweiligen didaktischen Konzeptionen hervorgehoben wurden. Daher und weil Unterricht stets unterschiedlich und vielschichtig auf die Lernbedingungen Bezug nimmt, kann nicht jedes Modell der Artikulation für jeden Unterricht angewendet werden.
Als ein Beispiel für eine **Artikulation unter lernpsychologischen Gesichtspunkten** sei die von Heinrich Roth (1993) genannt. Roth nennt sechs Phasen:

- Motivation
- Schwierigkeiten
- Lösungsversuche
- Tun und Ausführen
- Behalten und Einüben
- Bereitstellung, Übertragung, Integration des Gelernten

Die drei Grundakte im Lehr-/Lernprozess haben hinsichtlich der Grobgliederung des Unterrichts Bedeutung. Danach gibt es eine **Anfangs-, eine Mittel- und eine Schluss-Situation** im Unterricht. Innerhalb dieser Situationen ergeben sich verschiedene Variationen hinsichtlich der Verlaufsgestaltung und der Setzung von Schwer- und Höhepunkten (siehe Kliebisch / Meloefski 2009d, ⇨ Kap. 3.5. „Dramaturgie des Unterrichts").

Zwei **Methoden selbstgesteuerten Lernens** sollen im Folgenden dargestellt werden, weil bei diesen der Fortgang des Lernprozesses vom Schüler weitgehend selbst überwacht, reguliert und bewertet wird. Es ist einmal die **Projektarbeit** und zum anderen das **Stationenlernen**. Die oben genannten Handlungskompetenzen des Lehrers spielen hierbei in einer modifizierten Gewichtung eine Rolle.

Das **Projekt** wird oft als eine Methode verstanden, bei der sich die Schüler planvoll mit Sachverhalten auseinandersetzen, die im sozialen Umfeld der Gruppe liegen. Das Lernen ist an den Interessen und Bedürfnissen der Schüler orientiert. In der Umsetzung dieser Methode wählen die Schüler einer Lerngruppe eine wichtige und auf die Lebenswirklichkeit bezogene Aufgabe aus und versuchen, diese Aufgabe durch planvolles und kooperatives Lernen selbstständig zu lösen. Es werden dabei verschiedene Arbeits- und Reflexionsphasen durchlaufen, in die die Projektarbeit auf Grund lernpsychologischer Forderungen gegliedert ist. Das Ergebnis des Projektes ist das Handlungsprodukt (Produktorientierung). Die Funktion des Lehrers bezieht sich gegebenenfalls auf die Beratung bei der Gestaltung und Durchführung des Projekts und auf Angebote zu bestimmten Arbeitstechniken. Seine wichtigste Aufgabe ist die begleitende Beobachtung. Auf der Grundlage der dabei gewonnenen Einsichten gibt er den Schülern die Möglichkeit, ihren Lernfortschritt zu reflektieren und kriterienbezogen zu beurteilen (Evaluation) (vgl. Emer / Lenzen 2005; Frey 2007; Simon 2004).

Das **Stationenlernen** (= Lernen an Stationen, Lernzirkel; auch Lernwerkstatt) wird durchgeführt, weil sich dadurch die Ziele des selbstständigen und selbstgesteuerten Lernens verwirklichen lassen. Bei dieser Großmethode können in besonderer Weise Unterschiede bei den Lernvoraussetzungen der Schüler, bei ihrem Lernverhalten und bei ihrem Lern- und Arbeitstempo berücksichtigt werden. Entwickelt hat sich das Stationenlernen aus dem Zirkeltraining im Sport, bei dem verschiedene Trainingsstationen zu durchlaufen und während einer vorgegebenen Zeit an einer Station ganz bestimmte Übungen zu absolvieren sind (vgl. Hegele 2008).

Beim Lernen an Stationen wird den Schülern ein Sachverhalt, zergliedert in verschiedene Aspektbereiche, an einzelnen Lernstationen angeboten. Die Stationen können sich hinsichtlich der Bearbeitungszeit und ihres Anspruchs (Inhalt und Leistung) unterscheiden. Es können Pflicht- und Wahlstationen eingerichtet werden; die Anzahl der Stationen, die Reihenfolge der Bearbeitung und die Sozialform (Einzel-,

Partner-, Gruppenarbeit) sind variierbar. Die an den Stationen bereitgestellten Materialien sind an Hand von Aufgabenstellungen zu bearbeiten. Der Lehrer wird die Materialien lernwirksam gestalten und die Arbeitsaufträge zielorientiert und präzise formulieren. Seine Funktion im Unterricht besteht einmal in der begleitenden Beobachtung und zudem in der Sicherung des Lernprozesses und des Lernergebnisses (vgl. Gieth 2005).

⇨ ***Arbeitsanregungen***

Unterrichten

Welche allgemeinen und schulspezifischen Rahmenvorgaben berücksichtigen Sie beim Unterrichten?	
Nennen und beurteilen Sie lernpsychologische Aspekte, die für Ihren Unterricht wichtig sein können.	
Welche Kriterien sind für Sie entscheidend bei der Auswahl von Unterrichtsgegenständen? Nennen Sie mindestens vier.	
Was verstehen Sie unter „Schülerorientierung“? Wie erreichen Sie eine solche?	

Was verstehen Sie unter „Problemorientierung“ und wie erreichen Sie diese?	
Was verstehen Sie unter „Produktorientierung“? Wie bedeutsam ist diese?	
„Bei der Projektarbeit können Schüler tun, was und wie sie es möchten.“ Nehmen Sie Stellung zu dieser These.	
Welchen Stellenwert haben Hausaufgaben?	
Welche Sozialformen bevorzugen Sie? Warum?	
Welche Medien nutzen Sie im Unterricht besonders häufig? Warum?	

Welche Probleme sehen Sie beim Einsatz von PCs im Unterricht?	
Wie schaffen Sie eine lernförderliche Arbeitsatmosphäre?	
Nennen und begründen Sie Merkmale einer guten Fragetechnik.	
Welchen Bedeutung wird der Projektarbeit zugeschrieben?	
Nennen Sie mehrere Unterrichtsvoraussetzungen und beschreiben Sie deren Stellenwert für die Durchführung von Unterricht.	
Wie wichtig ist Ihnen bei der Gestaltung des Unterrichts die Interessenlage der Schüler?	

Welchen Sinn sehen Sie in fächerübergreifendem Unterrichten?	
Was verstehen Sie unter kooperativen Arbeitsformen und wie initiieren Sie diese?	
Wie fördern Sie die Kommunikation unter den Schülern?	
Was halten Sie davon, Schülern Aufgaben des Lehrers zu übertragen?	
Wie beurteilen Sie Möglichkeiten der Binnendifferenzierung?	
Wie fördern Sie besonders lernstarke (hochbegabte) oder lernschwache Schüler?	

1.2. Erziehen

Erziehen ist neben dem Unterrichten wohl die wichtigste Lehrerfunktion. Der **Erziehungsbegriff** ist seit jeher schillernd und vielschichtig:

- Erziehen erfolgt stets zielorientiert und vollzieht sich in sozialer Interaktion und mit Bezug auf Inhalte und Lerngegenstände (vgl. Gudjons 2003).
- Erziehung geschieht aus Liebe und hat das Ziel, jungen Menschen zu helfen, „verstehend und kritisch, verantwortlich und produktiv in das werktätige und kulturelle Leben ihrer Gruppe [...] hineinzuwachsen." (Roth 1971, 83)
- Erziehung ist mehr als die Integration in ein Milieu; Erziehung ist „darüber hinaus auch die Fähigkeit, dieses Milieu zu verändern. Das setzt Kritik voraus. Infolgedessen enthält auch der Erziehungsbegriff ein Element der Kritik." (Mollenhauer 1972, 121)

Das **Schulgesetz NRW** (2008) formuliert in § 2 (3) den Erziehungsauftrag der Schule so: Die Schule „fördert die Entfaltung der Person, die Selbstständigkeit ihrer Entscheidungen und Handlungen und das Verantwortungsbewusstsein für das Gemeinwohl, die Natur und die Umwelt." Erziehen und damit das Erreichen dieser Ziele ist heute schwieriger geworden: Veränderte Sozialisationsbedingungen lassen Erziehungsabsichten nicht selten ins Leere laufen (vgl. Baacke 2001; 2005; 2007; Hurrelmann 2007). In einer veränderten Welt stellt sich die Frage nach dem Wozu der Erziehung stets neu. Welche Erziehungsziele soll ein Lehrer verfolgen? Eine globale Welt braucht umfassend gebildete Menschen, Menschen, deren Kompetenzen sich auf das gesamte Spektrum sozialer Interaktion beziehen. **KODE©** (= *Ko*mpetenz, *D*iagnostik und *E*ntwicklung) ist ein Kompetenz- und Trainingsmodell, das man – ursprünglich für Unternehmen konzipiert – auch für den schulischen Bereich fruchtbar machen kann. Kompetenzen werden dabei verstanden als Verhaltensdispositionen, die es dem Menschen erlauben, sich in komplexen und wenig durchsichtigen Situationen zurechtzufinden und angemessen zu agieren (vgl. Heyse / Erpenbeck 2004b; s. a. Kliebisch / Meloefski 2009d).

Der **Kompetenz-Begriff** ist heute in aller Munde und er wird in vielfältiger Bedeutung gebraucht. Strukturell basiert jede Kompetenz auf Wissen und wird durch Überzeugungen, sogenannte Glaubenssätze, definiert und stabilisiert. Kompetenzen drücken sich in Verhaltensdispositionen aus, also letztlich in den Fähigkeiten und Fertigkeiten, die ein Mensch hat. Besonders schwierig ist es oft, Kompetenzen in konkretes Verhalten umzusetzen. **Kenntnis allein generiert eben noch kein Verhalten. Dafür ist zusätzlich der menschliche Wille nötig**. Der wiederum scheint in manchen Fällen zu schwach, um das gewünschte und angestrebte Verhalten zu realisieren. Menschen machen in einem nächsten Schritt Erfahrungen mit ihrem Verhalten, indem sie dessen Wirkungen auf andere Menschen beobachten und beurteilen. Insoweit sind Erfahrungen in Form sozialer Rückmeldung wichtig für die Erweiterung, Entwicklung und Konkretisierung von Kompetenzen.

KODE© ordnet das gesamte menschliche Verhalten vier Kompetenzbereichen zu. Diese vier Kompetenzbereiche können aus Sicht der Schule verstanden werden als Zielebenen von Erziehung, denen jeder Unterricht gerecht werden sollte. Insoweit stellen die Konkretisierungen der Kompetenzbereiche auch Kernpunkte von Erziehung dar (vgl. zum Gesagten und zum Folgenden insgesamt Erpenbeck / Rosenstiel 2007; ILK 1999):

Bereich 1: **Personale Kompetenz**

Dazu gehören z. B.:

- Bereitschaft zur Selbstreflexion
- Selbstwertgefühl
- Leistungsbereitschaft
- Lernbereitschaft
- Offenheit
- Risikobereitschaft
- Belastbarkeit
- Selbstdisziplin
- Werteorientierung
- Selbst-Management
- Loyalität
- Hilfsbereitschaft

Bereich 2: **Aktions- oder Handlungskompetenz**

Dazu gehören z. B.:

- Initiative
- Risikobereitschaft
- Charisma
- Anspruchsbereitschaft
- Dynamik
- Führungsfähigkeit
- Konkurrenzfähigkeit
- Widerstandsorientierung
- Durchsetzungsfähigkeit

Bereich 3: **Fach- und Methodenkompetenz**

Dazu gehören z. B.

- Allgemein- und Fachwissen
- Fachliche Fähigkeiten und Fertigkeiten
- Sachorientierung
- Verlässlichkeit
- Faktenorientierung
- Problemorientierung
- Analytisches und konzeptionelles Denken
- Umsicht
- Vorsicht
- Kreativität

Bereich 4: **Sozial-kommunikative Kompetenz**

Dazu gehören z. B.:

- Teamfähigkeit
- Empathie
- Verantwortungsbewusstsein
- Rollendistanz
- Kommunikationsfähigkeit
- Überzeugungsfähigkeit
- Kooperationsfähigkeit
- Konfliktlösungsbereitschaft
- Konsensfähigkeit

- Anpassungsfähigkeit
- Flexibilität

Im Verlauf konkreter Handlungsabläufe etwa **im Unterricht greifen die vier Kompetenzbereiche ineinander**. Beispiel: Eine Schülergruppe bekommt den Auftrag, auf der Basis von Vorinformationen im Rahmen eines Gruppenprozesses zu entscheiden, wo eine Windkraftanlage errichtet werden soll. Grundlage für den Entscheidungsprozess in der Sache liefert das Wissen, das die Gruppenmitglieder in die Debatte einbringen (Fach-/Methodenkompetenz). Dieses Wissen wiederum ist an Wertvorstellungen orientiert, die für das einzelne Gruppenmitglied handlungsführend sind (Personale Kompetenz). Dabei muss jedes Gruppenmitglied in sachliche Konkurrenz mit jedem anderen treten und versuchen, seine eigene Einschätzung gegebenenfalls auch gegen argumentative Widerstände durchzusetzen (Aktions-/Handlungskompetenz). Das alles soll aber im Rahmen eines rationalen Diskurses zu einer Teamentscheidung führen, für die die Konsensfähigkeit aller Beteiligten von großer Bedeutung ist (Sozial-kommunikative Kompetenz).

Je nach konkreter Ausgangslage der Lerngruppe und in Abhängigkeit vom Unterrichtsgegenstand und von den gewählten Methoden stehen unterschiedliche Kompetenzen im Vordergrund. Auf der Basis einer solchen Kompetenzbeschreibung lassen sich problemlos Erziehungsziele formulieren, die für Unterricht überhaupt oder nur für bestimmte Unterrichtsreihen oder -stunden gelten sollen. Auch ist eine Konkretisierung der Kompetenzen auf der Ebene der Lernziele möglich, obwohl es anders als bei der traditionellen Gliederung der Lernzieldimensionen für die Kompetenzbereiche noch keine tragfähigen Taxonomien gibt (⇨ vgl. auch Kliebisch / Meloefski 2009d ⇨ Kap. 2.)

Wichtig dabei: Hinter der Orientierung an Kompetenzen steht ein **ganzheitliches Menschenbild**. Der Unterricht muss in seiner Gestaltung diesem Menschenbild Rechnung tragen. Das heißt zuerst und vor allem: Unterricht darf nicht im Vermitteln von Fakten aufgehen, er muss auch weitere Strukturen und Bedürfnisse menschlichen Seins berücksichtigen. Was bedeutet das konkret? Unstrittig ist: Unterricht muss didaktisch reduziert **Wissen vermitteln**; er sollte problem- und erfahrungsorientiert angelegt sein und den Schülern helfen, Problemstellungen fakten- und sachbezogen zu durchschauen, zu bearbeiten und im Rahmen des Möglichen zu lösen. Dazu ist auch die Vermittlung einer komplexen Kenntnis von fachspezifischen Methoden und Problemlösungsmustern nötig. Das bloße Kennen von Fakten und Vorgehensweisen reicht aber nicht aus. Unterricht muss Möglichkeiten bieten, **Gelerntes** in Zusammenhänge zu stellen und kritisch zu bewerten, Gelerntes auf andere Kontexte zu übertragen, zu **vernetzen** und zu verarbeiten. Erst dadurch wird neu Gelerntes behalten und kann in späteren Situationen abgerufen und sachgerecht angewendet werden (= **Fach- und Methodenkompetenz**).

Unterricht muss parallel dazu aber auch **Werte vermitteln**, Werte und Überzeugungen, die in einer demokratischen Gesellschaft wie der unseren von Bedeutung und tragfähig sind. Unterricht muss dazu beitragen, Vorbilder und Ideale zu kreieren, denen nachzueifern sich für die Kinder und Jugendlichen lohnt. In diesem Sinne sollte auch der Lehrer ein Vorbild sein. Unterricht sollte den Gerechtigkeitssinn der Heranwachsenden fördern, indem es im Unterricht selbst gerecht zugeht. Und Unterricht muss in einer Leistungsgesellschaft die Leistungsbereitschaft der Schüler fördern, indem er von den Schülern Leistungen fordert (= **Personale Kompetenz**). Bei den Schülern ein Wertebewusstsein zu schaffen und ihnen Werte zu vermitteln, gelingt dem Unterricht vor allem über didaktische Intentionen, die der Lehrer mit den Unterrichtsgegenständen verfolgt.

Die methodische Gestaltung des Unterrichts muss den Schülern selbstständiges, weitgehend offenes und **verantwortungsvolles Arbeiten** ermöglichen. Sie müssen in wettbewerbsorientierte Situationen gebracht werden, in denen sie lernen können, ihre eigene Sicht der Dinge gegenüber anderen zu behaupten und durchzusetzen. Das Arrangement des Unterrichts muss den Schülern Chancen bieten, aktiv zu werden, Führungsrollen zu übernehmen und Risikobereitschaft zu zeigen. **Handlungsorientierte, kooperative und produktorientierte Verfahren** leisten dies in besonderem Maße, wenn sie schülerorientiert und erfahrungsorientiert angelegt sind (= **Aktivitäts- und Handlungskompetenz**).

Das Fördern von Fach- und Methodenkompetenz, das Entwickeln von personaler Kompetenz und von Handlungskompetenz hilft dem Heranwachsenden sich selbst zu verwirklichen. Im Sinne der Richtlinien für die gymnasiale Oberstufe in NRW darf

Selbstverwirklichung nicht getrennt werden von **sozialer Verantwortung**. Unterricht muss daher so arrangiert sein, dass er die soziale Dimension des Lernens stets im Blick behält. Vor allem **kooperative Methoden** machen es nötig, dass der Einzelne sich in andere einfühlt, deren Meinungen und Bedürfnisse ernst nimmt und damit umgehen lernt. Anpassungs- und Durchsetzungsfähigkeit zugleich werden auf diese Weise trainiert mit dem Ziel, sachbezogen Konsensfähigkeit einzuüben (= **Sozial-kommunikative Kompetenz**; vgl. Green 2009).

Langfristiges Ziel eines solchen Unterrichts ist die **mündige Schülerpersönlichkeit**, die sich in sozialer Verantwortung selbstverwirklicht. Man sieht: **Der Lehrer entscheidet durch die Gestaltung des Unterrichts darüber, welche Kompetenzen gefördert werden.** Damit entscheidet der Lehrer auch darüber, in welchem Maße sich Schüler auf das angestrebte Persönlichkeitsideal hin entwickeln können. Die Auswahl des Unterrichtsgegenstands, die didaktische Intention einer Stunde und das methodische Vorgehen führen bei den Schülern nicht nur zu einem Mehr an Kenntnissen, sondern unterstützen auch andere Persönlichkeitsmerkmale. Erziehung ist ein zielgerichteter Prozess. Der Lehrer sollte daher wissen, welche Vorgehensweisen welche Kompetenzebenen bedienen. Auf dem Hintergrund der Lernstilforschung sollte er dafür sorgen, dass zumindest langfristig bei den Schülern möglichst alle Kompetenzbereiche angesprochen werden.

⇨ ***Arbeitsanregungen***

Erziehen

Sie wollen die personale Kompetenz der Schüler fördern. Wie machen Sie das konkret?	
Sie wollen die Handlungskompetenz der Schüler fördern. Wie machen Sie das konkret?	

Sie wollen die sozial-kommunikative Kompetenz der Schüler fördern. Wie machen Sie das konkret?	
Beurteilen Sie einen lehrerzentrierten Unterricht unter dem Aspekt der Förderung der vier Kompetenzbereiche.	
Formulieren Sie im Blick auf die Kompetenzentwicklung Chancen und Gefahren eines schülerorientierten Unterrichts.	
Nennen Sie Bausteine von Unterricht, die einzelne Kompetenzebenen besonders fördern.	
Wie verstehen Sie das Erziehungsziel „Selbstverwirklichung in sozialer Verantwortlichkeit"?	
Welche Auswirkungen hat die Ausrichtung an einem Kompetenzmodell für die Formulierung von Lernzielen?	

Wie lösen Sie Konflikte mit Schülern? Welche Methoden kennen Sie?	
Wie wichtig sind Ihnen soziale und affektive Lernziele?	
Wie wichtig ist für Sie die nonverbale und emotionale Seite von Kommunikation? Begründen Sie Ihre Einschätzung.	
Wann und wie würden Sie sich von Schülern kritisieren lassen?	
Welche Kompetenzen möchten Sie bei Schülern besonders entwickeln? Warum?	
Was verstehen Sie unter dem Prinzip „Fördern und Fordern"? Wie setzen Sie es um?	

Wie reagieren Sie auf aggressives oder destruktives Verhalten von Schülern?	
Wie und in welchem Umfang helfen Sie Schülern bei der Beantwortung der Frage nach dem Sinn des Lebens?	

Lesetipp

Lesen Sie in Kliebisch / Meloefski 2009c das Kapitel „Selbst-Management", in dem es vor allem um die Optimierung des Kompetenzprofils geht. Das Kapitel beschäftigt sich mit der Bedeutung von Überzeugungen und dabei vor allem mit der negativen Wirkung sogenannter irrationaler Überzeugungen. In dem Kapitel finden Sie auch eine Reihe von Übungen, die sich sehr konkret mit den Kompetenz-Ebenen beschäftigen.

1.3. Diagnostizieren und Fördern

Die **Diagnosekompetenz** der Lehrer ist nur **gering ausgebildet**. Dies verwundert nicht weiter; denn Diagnostizieren ist kein Bestandteil der üblichen Lehrerausbildung, weder in der ersten noch in der zweiten Phase. Die vergleichenden Bildungsstudien der jüngeren Vergangenheit weisen den Leistungsstand deutscher Schüler als so defizitär aus, dass Konsequenzen nötig sind (Frederking / Heller / Scheunpflug 2005). Eine der wichtigsten: Lehrer müssen ihren Blick schulen für das Lern- und Leistungsvermögen der Schüler; nur so können die Kinder und Jugendlichen angemessen gefördert werden. Eine vernünftige Förderung von Schülern setzt immer eine differenzierte Analyse ihrer gegenwärtigen Lernsituation und damit des etwa bestehenden Mangels voraus.

Bei der Analyse geht es um die **Klärung individueller Lernsituationen**, weniger um das Verstehen einer ganzen Klasse oder Lerngruppe. Gruppenanalysen fallen eher unter den Aspekt der Evaluation von Unterricht (⇨ s. Kap. 2.7.). Eine auf den einzelnen Schüler bezogene pädagogische Diagnose setzt nicht notwendigerweise aufwändige methodische Verfahren voraus. Auch ein geschulter Blick durch den Lehrer (gepaart mit seiner Berufserfahrung), Beratungsverfahren und das Anwenden alltäglicher Zugangsweisen können helfen, die Lernsituation einzelner Schüler zu erhellen. Dabei sollten erkennbare Defizite bei den Schülern vor allem als Ansatz für ein sinnvolles Förderkonzept begriffen werden und nicht etwa als Kriterium zur Selektion. Fördern ist besser als Auslesen!

Beispiel: Diagnostisches Vorgehen

Für eine **effektive Diagnostik** sollte der Lehrer allerdings auf einige pädagogisch-psychologischen **Fachkompetenzen** zurückgreifen können:
Dazu gehören Kenntnisse über

- Wahrnehmungspsychologie
- Wahrnehmungsstörungen
- Lerntheorien
- Hoch- und Minderbegabung
- Intelligenztheorien
- Lerntypen, Lernstile
- Lernstörungen
- Motivationspsychologie
- Behalten und Gedächtnis
- Gesprächspsychologie
- Entwicklungspsychologie
- Sozialisationserfahrungen von Kindern und Jugendlichen
- Sozialpsychologie
- Schulangst, Schulversagen
- Konzentration, Belastbarkeit
- Verhaltensstörungen

In **methodischer** Hinsicht kann der Lehrer eine individualisierte Diagnostik so durchführen:

1. **Lern- und Sozialverhalten beobachten**

   Vorgehen:

   systematische und unsystematische Verhaltensbeobachtung z. B. im Klassen-Unterricht, in der Kleingruppe, während einer Projektphase, in Pausen, in Klassen- oder Kursgesprächen

   Das heißt:

   Lehrer müssen trainieren, das Lern-, Arbeits- und Sozialverhalten von Schülern möglichst unverzerrt wahrzunehmen. Dabei sollten sie Defizite im Schülerverhalten nicht vorschnell zum Anlass nehmen, disziplinarisch einzugreifen. Defizitäres Verhalten sollte vielmehr Ausgangspunkt einer Analyse sein, in deren Verlauf der Lehrer nach Ursachen für das jeweilige Defizit sucht. Dabei muss deutlich werden: Vor allem kognitive Minderleistungen beruhen nicht immer nur auf „Faulheit“ und „Dummheit“. Dennoch sind Faulheit und Dummheit die wohl häufigsten Alltagshypothesen darüber, weshalb Kinder und Jugendliche die erwarteten Leistungen nicht erbringen.

2. **Lernstand und Lernfortschritt feststellen**

   Vorgehen:

   z. B. durch Hausaufgaben, Mitarbeit im Unterricht, Klassenarbeiten / Klausuren / Vergleichsarbeiten / Lernstandserhebungen, Referate, Facharbeiten, formelle und informelle Tests

   Das heißt:

   Zur Bildung erster Hypothesen über die Ursachen defizitären Lern- oder Sozialverhaltens muss der Lehrer sich ein Bild über das tatsächliche Leistungsvermögen des jeweiligen Schülers verschaffen. Dazu kann gehören, dass er über die üblichen Testate wie Tests und Klassenarbeiten hinaus weitere Möglichkeiten der Prüfung in den Blick nimmt, um so einen differenzierten Eindruck über die Leistungsfähigkeit eines Schülers zu erhalten.

3. **Ursachen für Lernprobleme feststellen**

   Vorgehen:

   z. B. durch Gespräche mit dem Schüler, Fragebogen, Elterngespräch, Gespräch mit Kollegen, Beratungsgespräch mit dem Schüler, IQ-Test

   Das heißt:

Verhaltenspsychologisch sind kognitive und soziale Minderleistungen vernetzt und beide vom Individuum niemals primär gewünscht: Kognitive Minderleistungen bedingen also soziales Fehlverhalten und umgekehrt. Kein Schüler entwickelt einen Plan und zeigt bewusst und absichtlich Minderleistungen. Allerdings hat das defizitäre Verhalten oft einen sekundären Nutzen für den Handelnden: Es schafft Aufmerksamkeit, manchmal sogar die Anerkennung des sozialen Umfelds. Die Ursachenforschung seitens des Lehrers sollte besonders darauf achten, einen möglichen sekundären Nutzen für das defizitäre Verhalten ausfindig zu machen. Gespräche über das soziale Umfeld des Schülers sind hier ein besonders geeignetes Mittel, um solche Zusammenhänge aufzuklären.

Dieser **Dreischnitt von Verhaltensbeobachtung, Feststellung des Lernstands und Ursachenforschung** führt im günstigen Fall zu einer Klärung des Lern- und / oder Arbeits- bzw. Verhaltensproblems eines Schülers. Aufgabe des Lehrers ist es, auf der Grundlage der diagnostisch gewonnenen Erkenntnisse ein individualisiertes Förderungsprogramm für den jeweiligen Schüler zu entwickeln. Für eine effektive **Förderung** sollte der Lehrer u. a. Bescheid wissen über

- Förderungsmöglichkeiten an der eigenen Schule
- Binnendifferenzierung von Unterricht
- Begabtenförderung
- Sprachförderung
- Konzentrationsförderung
- Jungen- und Mädchenförderung
- Migrantenförderung
- Beratungsmöglichkeiten bei psychosozialen und psychischen Problemen
- Anti-Aggressions-Training

Nicht immer werden die Kompetenzen des Lehrers und die Möglichkeiten der Schule ausreichen, um eine effektive Förderung einzelner Schüler zu gewährleisten. In dem Fall muss der Lehrer auf **weitere Institutionen** zurückgreifen. Nachdrücklich muss man in Einzelfällen auch vor übertriebenen Hoffnungen auf Besserung der beobachteten Defizite warnen: Bei manchen Schülern haben die Lern- und Leistungsdefizite so nachhaltig ihre Ursache in seinen Sozialisationserfahrungen, dass eine **indivi-**

duelle Beratung, vielleicht sogar erst eine **Therapie** das Problem beheben kann. Lehrer sollten – wie an anderen Stellen – auch im Bereich Diagnostik und Förderung ihre Grenzen kennen und nicht unnötig überschreiten.

Lesetipp

Mit dem Aspekt „Fördern" beschäftigt sich ausführlich: Kliebisch / Meloefski 2009c

⇨ Kap. 2

⇨ ***Arbeitsanregungen***

Diagnostizieren und Fördern

Wie können sich unterschiedliche Lernvoraussetzungen der Schüler auf den Unterricht auswirken?	
Welche Lernschwierigkeiten sind Ihnen bekannt und woran erkennen Sie diese?	
„Peter (8. Klasse) fällt innerhalb von zwei Monaten in seinen Leistungen stark ab." Welche Ursachen vermuten Sie?	
Wie gehen Sie auf unterschiedliche Lernausgangslagen von Schülern ein?	

Woran erkennen Sie Arbeitsstörungen? Was unternehmen Sie gegen Arbeitsstörungen?	
Wie erkennen Sie einen hochbegabten Schüler?	
Wie fördern Sie Hochbegabte?	
Wie fördern und fordern Sie „durchschnittlich" begabte Schüler?	

1.4. Beurteilen

Unter „Beurteilen" werden im Folgenden

a) die Leistungsbeurteilung und

b) die Verhaltensbeurteilung

beschrieben. Die Leistungsbeurteilung korrespondiert mit dem Bildungsauftrag der Schule, die Verhaltensbeurteilung mit dem Erziehungsauftrag. Leistung wird durch Verhalten wesentlich mitbestimmt. Beide Bereiche sollten jedoch nicht als Gesamtwirkung, sondern eher als Ursache und Wirkung betrachtet werden, wenn es um die durch eine Note zu beurteilende Lernleistung geht.

Wenn von Beurteilung in der Schule gesprochen wird, dann ist zunächst – und häufig ausschließlich – die Beurteilung der **Leistung** von Schülern durch den Lehrer gemeint. **Beurteilt wird der Lernzuwachs**, der durch Schule intendiert und vermittelt wird. Also: In erster Linie wird der Lernzuwachs **im kognitiven Bereich** bewertet. Im Folgenden geht es insbesondere um diese Aufgabe eines Lehrers. An späterer Stelle wird gezeigt, dass sich im Zusammenhang der Beurteilung von Schülerleistungen auch andere Perspektiven eröffnen. Diese Perspektiven können helfen, weitere Maßnahmen des Unterrichts zu beurteilen.

Bei der Beurteilung eines Lernfortschrittes muss man **Quantität und Qualität** voneinander unterscheiden. Die Qualität, um die es im Folgenden geht, zeigt sich an der Fähigkeit, das erworbene Wissen sprachlich angemessen darzustellen. Die qualitative Darstellung von Wissen kann auf verschiedenen Ebenen erfolgen. Die Richtlinien für die gymnasiale Oberstufe in NRW (1999) unterscheiden drei Ebenen:

- *Anforderungsbereich I*
  Hierzu gehören z. B.
  - Wiedergabe von gelerntem Wissen unter Beibehaltung des gelernten Zusammenhangs
  - Beschreibung und Verwendung von gelernten Arbeitstechniken

- *Anforderungsbereich II*
  Hierzu gehören z. B.
  - Selbstständiges Auswählen und Anordnen von Sachverhalten unter neuen Gesichtspunkten
  - Selbstständiges Übertragen gelernter Sachverhalte auf Situationen gleicher Art

- *Anforderungsbereich III*
  Hierzu gehören z. B.
  - Begründete Stellungnahmen, auch kritische
  - Erkennen von zugrundeliegenden Werten und deren Beurteilung

- Entwicklung von Hypothesen und Lösungsmöglichkeiten zu einem erarbeiteten Problem
- Bewertung von Entscheidungen

Die Reproduktion von Wissen ist als Leistung geringer anzusehen als die Fähigkeit, Wissen auszuwählen, zuzuordnen oder argumentativ zu verwenden.

Jeder Beurteilung geht ein „Messen“ der Leistung voraus. Eine **Messung** macht eine Bezugsnorm erforderlich; das Messergebnis wird durch Vergleich von Messdaten und Bezugsnorm festgestellt. Dieses Feststellen stützt sich also bereits auf eine Beurteilung. Gelegentlich wird dieses Vorgehen als Bewertung bezeichnet. Damit hebt man hervor, dass die Beurteilung des Lernzuwachses noch etwas anderes ist. Mit Beurteilung ist die pädagogische Wertung des Messergebnisses unter Heranziehung weiterer Informationen über die Situation eines Schülers gemeint, z. B. das Herausstellen von Stärken und Schwächen. Durch die Beurteilung des Lernzuwachses erfährt man etwas über die Leistung, über das Wissen, die Fähigkeit und die Fertigkeit eines Schülers. In der Beurteilung spiegelt sich somit insgesamt die Leistung wider.
Man unterscheidet verschiedene **Bezugsnormen:**

- *Schülerzentrierte (auch intra-personale, diagnostische) Bezugsnorm*
  Der individuelle Lernfortschritt eines Schülers wird – vor dem Hintergrund möglichst genau beschriebener Lernziele – in Abhängigkeit von den spezifischen Fähigkeiten mit seinem vorangegangenen Lernstand verglichen.
- *Klassen-/gruppenorientierte (auch inter-personale) Bezugsnorm*
  Es wird festgestellt, wie sich der individuelle Lernfortschritt eines Schülers – vor dem Hintergrund möglichst genau beschriebener Lernziele – zum Durchschnitt der Klasse (Gruppe) verhält.
- *Kriterien-(lernziel-)orientierte Bezugsnorm*
  Es wird festgestellt, ob und in welchem Ausmaß ein Schüler einen genau festgelegten Standard an Lernzielen erreicht hat, das heißt, welche Leistungen in welcher Ausprägung auf jeden Fall erzielt wurden, und zwar unabhängig vom Leistungsdurchschnitt der Klasse und unabhängig vom früheren Leistungsstand des Schülers.

Für welche dieser Bezugsnormen man sich entscheidet, hängt von dem Zweck ab, den man mit der Leistungsbeurteilung verbinden möchte. Es geht darum, die für einen Schüler geeignete Methode zu seiner Lernförderung und Qualifizierung anzuwenden. Bei Klausuren können – zumindest ab der Klasse 9 – nur kriterienorientierte Leistungen einer Beurteilung durch Noten unterzogen werden (siehe Richtlinien und Lehrpläne der Fächer).

Die Einschätzung einer Leistung hinsichtlich der ihr entsprechenden **Anforderungsebenen** erfolgt durch **Taxonomien**. Darunter versteht man ein System von Kategorien zur Einstufung von Lernzielen und Kompetenzen, die durch eine Rangfolge so einander zugeordnet sind, dass die untergeordnete Kategorie in die übergeordnete jeweils eingeschlossen ist. In den Richtlinien und Lehrplänen werden die Anforderungsbereich durch die Taxonomie von H. Roth beschriebenen. Diese enthält die Anorderungsebenen:

- Reproduktion von Wissen
- Reorganisation von Wissen
- Transfer
- Problemlösendes und entdeckendes Denken

Diese Taxonomie ist klarer und übersichtlicher als die von Bloom (1972), macht es aber auch schwierig, in allen Fällen intersubjektiv gültige Entscheidungen bezüglich der jeweils zutreffenden Anforderungsebene zu treffen.

Der Lehrer ist von Amts wegen verpflichtet, in seinem Unterricht die Leistung der Schüler zu beurteilen. Grundlage der Leistungsbeurteilung ist die Leistungsmessung. **Leistungsmessung und -beurteilung geben dem Schüler Auskunft über den persönlichen Lernerfolg** und ihm damit die Möglichkeit der Selbstkontrolle und der Lernhilfe. Darin besteht der Zweck der Leistungsmessung und Leistungsbeurteilung. Die Leistungsmessung muss kriterienbezogen sein, um diese Funktion erfüllen zu können. Sicherlich sind bis zu einer bestimmten Altersgrenze auch gruppenbezogene Leistungsmessungen und -beurteilungen sinnvoll. Die dadurch gegebene unmittelbare Wettbewerbssituation kann auf bestimmten Alterstufen durchaus lernmotivierend und für die Persönlichkeitsentfaltung unterstützend sein (Anreizfunktion). Über die kriterienorientierte Leistungsbeurteilung lassen sich Schul- und Berufslaufbahn eindeutiger entscheiden (Klassifizierungsfunktion und Zuteilungsfunktion); so lässt sich der Rangplatz des Einzelnen in einer Gruppe von Qualifikanten feststellen (Berichtsfunktion).

Lesetipp

Moderne Unterrichtsformen implizieren auch neue Formen der Leistungsbewertung. Dazu gehört auch eine Beteiligung der Schüler an ihrer eigenen Bewertung; hierzu gibt es eine Reihe interessanter Verfahren. Genaueres dazu lesen Sie bei Schmalenbach 2009 und in Kliebisch / Meloefski 2009c).

In Bezug auf den Unterricht bietet die Leistungsmessung und -beurteilung eine Möglichkeit **für den Lehrer, Aufschlüsse über seinen Erfolg im Unterricht** und damit für eine gezielte Unterrichtsplanung zu erhalten. Die Rückkopplung zwischen Leistungsmessung (mit dem, was erreicht wurde) und Unterrichtsplanung (mit dem, was erreicht werden sollte) liefert wichtige Kriterien für die weitere Unterrichtsarbeit (⇨ vgl. Kap. 2.7.). Unter dem Gesichtspunkt dieser Funktion muss die Leistungsmessung in der Regel kriterienorientiert sein. Über eine gruppenbezogene Leistungsmessung ergeben sich Hinweise für den Vergleich Realnorm und Idealnorm: Die Realnorm orientiert sich am Leistungsdurchschnitt der Lerngruppe; sie ist eine Art Korrektiv für die in den Lernzielen genannte Idealnorm. Darüber hinaus bietet jede Leistungsmessung und -beurteilung die Grundlage für die jeweils geeignete Förderung der Schüler (vgl. Wengert 2008).

Bei der **Leistungsbeurteilung** werden bestimmte **Grundsätze** eingehalten. Die Leistungsbeurteilung

- ist insgesamt ein kontinuierlicher Prozess und bezieht sich auf alle im Zusammenhang des Unterrichts erbrachten Lernleistungen (auf schriftliche Arbeiten, auf die mündliche Mitarbeit, auf praktische Arbeiten).
- bezieht sich auf die im Unterricht vermittelten Kenntnisse, Fähigkeiten und Fertigkeiten.
- setzt voraus, dass Schüler im Unterricht ausreichend Gelegenheit hatten, die an sie gestellten Anforderungen kennen zu lernen und sich auf diese vorzubereiten.
- ermöglicht den Schülern hinreichend, die geforderten Leistungen zu erbringen.

- bezieht sich auf den Umfang der Kenntnisse und deren selbstständige und sachlich richtige Anwendung.
- bezieht sich weiter auf Fähigkeiten und Fertigkeiten sowie auf komplexere Denkleistungen.
- bezieht sich außerdem auf die Art der Darstellung und
- muss im Vergleich mit den Mitschülern transparent sein.

Die **Beurteilung mündlich** erbrachter **Leistungen** wird im Unterricht oft isoliert durchgeführt (**Prüfungssituation**); in der Regel wird sie aber im Zusammenhang mit der mündlichen Mitarbeit vorgenommen, die sich auf den Fortgang des Lernprozesses bezieht (unterrichtlicher **Interaktionsprozess**). Für die Prüfungssituation gelten formalisierte Verhaltensregeln u. a. auch in der Abfolge von Aufgabenstellung, Beobachtung, Kontrolle und Zensierung; sie ist daher eher ein statisches Verfahren und mit der schriftlichen Leistungsmessung und -beurteilung vergleichbar. Der Interaktionsprozess zielt einerseits auf Forderung und Beurteilung des Erbrachten, andererseits aber auch auf Förderung. In diesem eher als dynamisch zu bezeichnenden Verfahren werden Schülerfragen ermöglicht, Spontanäußerungen angeregt und eine kritische Auseinandersetzung mit den Lerngegenständen herausgefordert. Insgesamt ist diese Art von Unterricht aber ständig begleitet von Beurteilungshandlungen (s. a. Winter 2008).

Bei der Orientierung auf den Lernprozess zeigen die Schüler, inwieweit sie die behandelte Problemstellung verfolgen und in welchem Maße sie Impulse setzen können, um bestimmte Fragen zu lösen. Der Lehrer wird in angemessener Weise (durch konvergente oder divergente Fragen, Impulse, Arbeitsanregungen) allen Schülern Gelegenheit geben, Kenntnisse wiederzugeben und Denkakte mit zunehmendem Anspruchsniveau in ein Lehrgespräch einzubringen. Dabei ist sicherzustellen, dass sich jeder Schüler beteiligt. Unproblematisch ist dieses bei Schülern, die ohnehin aktiv und regelmäßig am Unterrichtsgeschehen teilnehmen. Weniger aktive Schüler muss man (zumindest in der Sekundarstufe I) unmittelbar über die gestellte Frage auffordern sich zu äußern. (Also nicht: „Mach mal mit!") Auf diese Weise lässt sich deren Leistung abfordern. Auch keine oder eine unzureichende Leistung muss der Lehrer ermitteln. Wichtig: Der Lehrer muss dabei feststellen, auf welcher Ebene die **Fehl- oder Mangelleistungen** bestehen. Zwei Aspekte kommen dabei in Betracht:

- nicht verstandene unterrichtliche Voraussetzungen
- unzureichende individuelle Voraussetzungen

Für die betroffenen Schüler werden Defizite nicht nur in Bezug auf die Forderung des Lehrers, sondern auch im Vergleich zu den Mitschülern deutlich. Der Lehrer andererseits verschafft sich über diese Kenntnis die Möglichkeit, den entsprechenden Schülern angemessene Lernhilfen anzubieten – eine wichtige Aufgabe der **Lernförderung** im Unterricht (⇨ vgl. Kap. 2.3.). Im Sinne der Chancengleichheit müssen jeweils über eng begrenzte Zeiträume in einem Schuljahr alle Schüler einer Lerngruppe Gelegenheit erhalten, mehrfach ihre – wie auch immer entwickelten – Lernleistung zu erbringen.

⇨ ***Profitipp***

Es ist zweckmäßig, die Verteilung mündlicher Mitarbeit (= Beteiligung im Unterricht) etwa mit einer Strichliste zu dokumentieren. Achtung! Die Schulaufsicht gibt Einsprüchen gegen Noten für mündliche Leistungen statt, bei denen ein solcher Nachweis nicht vorgelegt werden kann!

Kontrolle des Anspruchsniveaus der Äußerungen einerseits und **Sicherung der regelmäßigen Mitarbeit** andererseits sind Aufgaben, die ein Lehrer beim Unterrichten gleichzeitig in den Blick nehmen muss. Diese Doppelaufgabe gilt es nicht nur im Frontalunterricht, sondern auch bei der Gruppenarbeit zu lösen. Die Beurteilungssituation ist also andersartig; die Äußerungen im Frontalunterricht wirken in der Regel unmittelbar auf den Unterrichtsverlauf zurück.

Die **kognitiven Leistungen** von Schülern sind nicht unabhängig von **affektiven Variablen** wie etwa Konzentrationsfähigkeit, Aufmerksamkeit oder Ausdauer. Lerndefizite gehen zurück z. B. auf sozial und individuell bedingte Lernschwierigkeiten oder auf hinderliche Verhaltensstörungen. Die verschiedenen Einflussfaktoren gilt es, bei den Schülern zu erkennen und zu modifizieren, um zunächst die Lernleistung, aber auch die affektiven Fähigkeiten insgesamt verbessern zu können. Affektive Fähigkeiten schaffen die Möglichkeit für ein Individuum, sich in seiner sozialen Umgebung zu orientieren.

Es bedarf der **Erhebung des Verhaltens**, um bei einem Schüler auf Verhaltensweisen eingehen zu können. Man muss einen Katalog von Merkmalen erstellen, der in differenzierter Weise Auskunft über Verhaltensweisen, Haltungen und Einstellungen geben kann. Dazu kann der Lehrer weitere Informationen verwenden; auf deren Grundlage kann er dann Maßnahmen einleiten – unmittelbar zur Lernförderung und mittelbar bei der Beratung:

- Informationen, die Vermutungen über mögliche Ursachen im Bereich der Lerngruppe und im Bereich außerschulischer Gruppen (z. B. Familie) zulassen
- Informationen über Persönlichkeitsmerkmale wie Sprachfähigkeit, Leistungsmotivation, Interessen

Man sollte sich bewusst sein: Allein durch den Lehrer ermittelte Merkmale und Informationen unterliegen stets **subjektiven Bedingungen**; es fehlen objektive Messkategorien und jeweils die Bezugsnorm für objektive Beurteilungen. Auf dieser Grundlage verschafft sich ein Lehrer in der Regel jedoch trotzdem hinreichendes Wissen über Lernschwierigkeiten von Schülern. Dieses subjektive Wissen ermöglicht ihm, angemessen und in geeigneter Weise Hilfe anzubieten (⇨ vgl. auch Kap. 1.5.).

Es gibt aber auch verschiedene empirisch gesicherte Erhebungs- und Beurteilungsverfahren, um Einstellungen und Leistungsfähigkeit von Schülern zu ermitteln. Bei **besonders lern- und verhaltensschwierigen Schülern** wird man auf die Anwendung empirisch gesicherter Verfahren nicht verzichten können; dabei wird man meistens außerschulische Beratungsinstitutionen um Unterstützung bitten. In solchen Fällen will man eindeutige Beobachtungsergebnisse erhalten, um Hilfen im Sinne einer Verhaltenstherapie anbieten zu können. Im Schulalltag stützt sich ein Lehrer im Bereich der Verhaltensbeschreibung in der Regel auf seine Wahrnehmung, bei der – auch bei aller Sorgfalt der Erhebung – stets subjektive Interessen und Bedürfnisse einfließen und die deshalb nicht therapierelevant sein sollten.

⇨ ***Arbeitsanregungen***

Beurteilen

Wie unterscheiden Sie Leistungs- und Verhaltensbeurteilung?	
Beschreiben Sie differenziert die Anforderungsbereiche (Taxonomie von Heinrich Roth) aus der Sicht eines Ihrer Fächer.	
Versuchen Sie, am Beispiel einer konkret durchgeführten Unterrichtsstunde Kriterien für die Rückkopplung „erbrachte Leistung“ und „Planungsfolgen“ anzugeben.	
Welches Gewicht sollen bei der Beurteilung der mündlichen Mitarbeit Spontaneität und Ausdrucksfähigkeit der Schüler haben?	
Welches Gewicht soll bei der Beurteilung der mündlichen Mitarbeit die Regelmäßigkeit der Beiträge der Schüler haben?	

„Die Beurteilung der Schülerbeiträge während des Unterrichts verstärkt den Rollenkonflikt eines Lehrers hinsichtlich der Aufgabe Fördern und Beurteilen.“ Stimmen Sie dieser Aussage zu?	
Bei der Ermittlung der Gesamtnote in einem Fach erhält die mündliche Note oft (ohne einen pädagogischen Hintergrund) eine größere Gewichtung. Ist das zu rechtfertigen?	
Nennen Sie Möglichkeiten und Probleme bei der Bewertung mündlicher bzw. schriftlicher Leistungen.	
Wie „pädagogisch“ dürfen bzw. sollen Noten sein?	
Erstellen Sie für einen „auffälligen“ Schüler aus einer Ihrer Lerngruppen einen Katalog von Verhaltensmerkmalen.	

1.5. Beraten

Beratungsaufgaben an der Schule lassen sich formal unterscheiden in

- Schullaufbahnberatung,
- Berufsbildungsberatung und
- Lernberatung.

Alle drei Formen hängen zusammen, beziehen sich jedoch jeweils auf andere Ziele und Inhalte und erfordern schwerpunktmäßig auch andere Methoden. Im Folgenden geht es ausschließlich um die **Lernberatung**. Darunter sind die Beratung hinsichtlich der Lernleistung eines Schülers und die Erziehungsberatung zusammengefasst. Die Aufgabe der Beurteilung der Schüler ist eng mit den Unterrichts- und Erziehungshandlungen des Lehrers verknüpft. Lerndefizite sind vor dem Hintergrund sozial und individuell bedingter Lernschwierigkeiten zu betrachten; dabei sind hinderliche Verhaltens- und Erlebnisstörungen zu berücksichtigen, um angemessene Maßnahmen der Lernförderung ergreifen zu können. Häufig abhängig vom Alter und der Schulform kommt es an der Schule dennoch vor, dass ausschließlich Erziehungsberatung notwendig wird (vgl. a. ⇨ Kap. 3).

Unterricht ist hinsichtlich des Anliegens von Vermittlung *und* Erziehung ein Interaktionsprozess, bei dem Beratung zunehmend als eine permanente Aufgabe zu erfüllen ist. Darüber hinaus ergibt sich die Notwendigkeit einmal der persönlichen Beratung eines Schülers außerhalb des Unterrichts und zum anderen – bis zu einer bestimmten Altersstufe der Lernenden – auch die Notwendigkeit der Beratung der Eltern. Unter Beratung versteht man etwas anderes als lediglich „einen Rat erteilen", „Belehren" und „Informationsdefizite ausgleichen". Beratung sollte es sich zum Ziel machen, **Ursachen, Verlauf und Erscheinungsformen individueller Ratlosigkeit, Rat- und Hilfsbedürftigkeit erklären zu helfen und Lösungsvorschläge ins Gespräch zu bringen**. Auf dieser Basis sollten dann Handlungsmuster vermittelt werden, die dem Mangel abhelfen.

Es gibt **direktive und nicht-direktive Methoden** der Beratung. In der Schule hat die nicht-direktive oder personenzentrierte Beratung nach **Carl R. Rogers** große Bedeutung erlangt, weil durch sie ein Prozess initiiert werden kann, der in der Erfahrung des Schülers (allgemein als Klient bezeichnet) abläuft. Beratung wird in diesem Sinne unter dem Gesichtspunkt der Analyse von Problemen, Fähigkeiten und Anlagen des Ratsuchenden und unter dem Gesichtspunkt der Empfehlung von Handlungen durch den Berater betrachtet (vgl. a. Zimmermann 2003; Schnebel 2007).

Nach Rogers steht im Mittelpunkt einer Beratung das Individuum und nicht das Problem selbst (2004 u. 2005). Sein Konzept will nicht allein ein persönliches Problem behandeln und durch Ratschläge aus der Sicht des Beraters lösen. Der Berater wird dem Individuum vielmehr helfen, sich so zu entwickeln, dass es mit seinem gegenwärtigen Problem und mit seinen späteren Problemen besser und durch eigene Lösungen und eigene Lösungsfindung umzugehen vermag. Rogers setzt dabei nachdrücklich auf das Interesse jedes Menschen, sich selbst zu verwirklichen; er spricht von einer **Tendenz zur Selbstaktualisierung**. Auf der Basis der Aktualisierungstendenz geht Rogers auch von der Selbstverantwortung des Ratsuchenden für den Beratungsprozess aus. Rogers (2006) nimmt an: Jeder Mensch besitzt grundsätzlich alle Ressourcen, die er braucht, um seine persönlichen Schwierigkeiten zu analysieren und zu überwinden.

Der Berater muss sich dem Klienten gegenüber in bestimmter Weise verhalten; erst dann kann der Klient alle seine Fähigkeiten auf den Klärungs- und Lösungsprozess richten. Rogers spricht von drei **Beratervariablen**:

- einfühlendes (empathisches), nicht-wertendes Verstehen und Verbalisierung persönlich-emotionaler Erlebnisinhalte
- positive Wertschätzung, Achtung, emotionale Wärme
- Echtheit und Selbstkongruenz

Die nicht-direktive Methode schafft die Voraussetzung, die Ursachen des Problems zu finden und vor diesem Hintergrund Lösungen zu beschreiben. Die Zentrierung des Gesprächs auf die Person führt zur Klärung der persönlichen Voraussetzungen, der eigenen Ziele und zur Aktivierung des Willens zur Handlung bei dem Ratsuchenden. So kann der Ratsuchende am Ende eine selbst verantwortete und für ihn sinnvolle Entscheidung treffen. Für den Berater heißt das: Statt mit belehrenden Informationen auf eine Frage des Ratsuchenden zu antworten, wird er die vom Ratsuchenden erlebte Problemlage thematisieren. Dadurch gelangt man zu einer Exploration der vom Ratsuchenden wirklich erlebten Schwierigkeiten. Hierbei spielt vor allem **die Ge-**

fühlswelt, also die erlebte Wirklichkeit, die entscheidende Rolle (vgl. Kliebisch / Schmitz 2005; Kliebisch / Meloefski 2009b).

Das Beratungskonzept von Rogers geht von einigen theoretischen **Prämissen** aus, die Anlass zur Kritik an diesem Konzept geben.

1. Die personenbezogene Beratung setzt die Verabsolutierung einer Persönlichkeitstheorie voraus, nach der der Mensch ein „gestalthaft organisiertes Selbst ist, das ganzheitlich reagiert" und sich „in Richtung auf größere Unabhängigkeit oder Selbstverantwortlichkeit" entwickelt (vgl. Rogers 2004). Kritik wird an der in dieser Theorie zum Ausdruck gebrachten Homogenität von subjektivem und objektivem Geist geübt. Diese Homogenität kann als solche – so die Kritiker – nicht existieren, weil zwischen beiden Polen stets ein spannungsbezogenes Verhältnis besteht.
2. Die verschiedenen Problemgründe eines Ratsuchenden werden auf die Modellsituation des durch äußere Einwirkung im Subjekt hervorgerufenen Zwiespalts zwischen Selbstkonzept und Erfahrung zurückgeführt. Unberücksichtigt bleiben dabei – so die Kritiker – Informationsmangel oder Verhaltensprobleme, die kognitive oder lerntheoretische Maßnahmen der kommunikativen Erarbeitung von Informationen oder Verhaltensmodifikationen erfordern könnten.

Für die **Unterrichtspraxis** ist bedeutend, dass

- das innere Erleben des Ratsuchenden zu einer weitreichenden Hilfe im Sinne der Selbsthilfe genutzt werden kann und
- verhaltensmodifikatorische Maßnahmen unmittelbar im Unterricht das Handlungsfeld des Lehrers durchaus bestimmen können.

Steve DeShazer (2006a; 2006b) entwickelte die **lösungsorientierte Beratung**; er bezieht sich auf diese **Grundgedanken**:

1. Systemdenken: Jede Person ist mit einer Vielzahl von Systemen und Interaktionsmustern vernetzt.
2. Konstruktivismus: Jede Person konstruiert auf Grund ihrer Erfahrungen und ihres Wissens ihr eigenes Bild von der Wirklichkeit.

3. Humanistisches Menschenbild: Jeder Mensch ist aktiver Gestalter seiner eigenen Existenz; er trägt in sich alle Ressourcen, sich selbst zu verwirklichen und seinem Leben Sinn zu verleihen.
4. Kurzzeittherapie: Die Probleme eines Menschen liegen im Hier und Jetzt, nicht notwendig in seiner Vergangenheit.

Das Beratungsgespräch konventioneller Art beginnt mit der Formulierung von Problemen. Ein Verzicht auf eine Analyse dieser Probleme soll helfen, sich von Anfang an auf mögliche Lösungen zu konzentrieren: Statt des Rückblicks auf die Vergangenheit geht es um die **Konstruktion von Zukunft**. Lösungen konstruieren heißt:

- die kompetenten Persönlichkeitsanteile des Ratsuchenden bewusst machen (nicht seine Hilflosigkeit und deren Ursachen)
- sich fragen, was gut für den Ratsuchenden ist (nicht fragen, was und warum etwas falsch läuft)
- den Blick auf alternative Verhaltensmöglichkeiten richten (und nicht das Problem fixieren)
- innere Suchprozesse anstoßen und damit Kreativität und Vitalität ermöglichen (und nicht nur Bekanntes denken)
- Probleme als etwas Normales (und nicht als Stigma) annehmen. Denn: Probleme sind notwendige Impulse für die persönliche Entwicklung.
- Der Ratsuchende lernt sich selbst zu regulieren und zukünftig besser mit Problemen umzugehen (und wird nicht durch Besserwisserei eingegrenzt).
- Die Lösung ist immer schon vorhanden und muss von dem Ratsuchenden selbst (und nicht von anderen für ihn) entdeckt werden.

Der lösungsorientierte Beratungsprozess beginnt in einer systematisch aufeinander aufbauenden Abfolge von lösungsorientierten Fragen, Anstößen usw. **Der Ratsuchende erhält keine Antwort (Lösung); er wird vielmehr mit Fragen konfrontiert. Auf dem Wege der Auseinandersetzung mit diesen Fragen entdeckt er selbst lösungsorientierte Antworten.**

- **Lesetipp**

  Zu den angesprochenen Modellen erfahren Sie mehr in Kliebisch / Meloefski 2009b.

⇨ ***Arbeitsanregungen***

Beratung

Welche Formen des Beratungsgesprächs kennen Sie? Nennen Sie typische Merkmale dieser Gesprächformen.	
Was sollten Sie können, um Beratungsgespräche erfolgreich zu führen?	
Welche Probleme kann es bei Beratungsgesprächen geben?	
Beschreiben Sie drei bestätigende Reaktionen. Welchen Sinn haben diese Reaktionen?	
Thomas Gordon nennt Fragen prinzipiell „Kommunikationssperren“. Inwieweit stimmen Sie der These zu?	

Wie gehen Sie mit den Gefühlen eines Ratsuchenden um?	
Wann und wie würden Sie einem ratsuchenden Schüler einen konkreten Rat geben?	
Rogers meint, Ratsuchende können ihre Probleme selbst lösen. Nehmen Sie Stellung.	
Inwieweit sollte ein Lehrer Berater bei psycho-sozialen Problemen seiner Schüler sein?	
Wie bereiten Sie sich auf ein Beratungsgespräch vor (z. B. Elternsprechtag)?	
Erläutern Sie das Konzept der Kollegialen Fallberatung. In welchen Situationen würden Sie es nutzen?	

Was ist „Aktives Zuhören“ und in welchen Gesprächssituationen setzen Sie es in der Beratung ein?	
„Das kotzt mich hier alles an.“ Spiegeln Sie die Äußerung.	
„Ich weiß wirklich nicht mehr, was ich machen soll.“ Spiegeln Sie die Äußerung.	
Informieren Sie sich über das Nachrichtenquadrat nach Schulz von Thun (2005, Bd. 1). Erläutern Sie es an einem Beispiel.	
Wie gehen Sie mit Ihren Gefühlen während einer Beratung um? Wie und in welchem Umfang äußern Sie Gefühle?	
Wie gehen Sie mit den Gefühlen des Ratsuchenden um?	

Sandra schreibt sehr gute Klausuren, sagt im Unterricht aber keinen Ton. Wie beraten Sie Sandra?	
Philipp schreibt mangelhafte Arbeiten, ist im mündlichen Unterricht aber sehr gut. Wo liegen Ihrer Meinung nach die Ursachen?	
Wie gehen Sie mit Eltern um, die Sie während des Beratungsgesprächs sprachlich attackieren?	
Wie erkennen Sie einen Beratungsbedarf bei Schülern?	
Was verstehen Sie unter Supervision und was halten Sie davon?	
Wo sehen Sie die Grenzen Ihrer eigenen Beratungstätigkeit? Geben Sie Beispiele.	

Zeigen Sie an Beispielen, inwieweit Elemente der klienten-bezogenen Beratung unmittelbar im Unterricht eine Rolle spielen können.	
Vergleichen Sie die Methoden der Beratung nach Rogers und nach DeShazer.	
„Bei der Beratung kann durch vereinfachende Lösungsvorschläge das Problem des Ratsuchenden negiert werden.“ Was halten Sie von dieser These?	

Man spricht von folgenden sechs Denkfehlern bei der Beratung:

1. Probleme sind objektiv gegeben, es bedarf nur ihrer klaren Formulierung.
2. Jedes Problem hat eine einzige Ursache.
3. Verstehen eines Problems heißt Erkennen des Ist-Zustandes.
4. Verhalten ist voraussagbar, wenn eine ausreichende Informationsgrundlage vorhanden ist.
5. Jedes Problem lässt sich beherrschen; es ist eine Frage des Aufwandes.
6. Das Problem hat sich durch seine Lösung erledigt.

Wie beurteilen Sie diese Denkfehler?

1.6. Organisieren und Verwalten

Die Berufsarbeit des Lehrers wird geleitet von **schulrelevanten Normen und Vorschriften**, die das pädagogische Handeln bestimmen. Die Grundsätze sind in den Richtlinien und Lehrplänen der Fächer und im Schulgesetz sowie in Erlassen zu einzelnen Maßnahmen durch die Kultus-/Schulbehörde niedergelegt (s. z. B: BASS). Diese Regelungen können bei der Durchführung einzelnen Maßnahmen optimiert, dürfen aber niemals unterlaufen werden.

Ein Grundsatz wird von den Lehrern nicht immer mit letzter Konsequenz beachtet. Deshalb soll auf die Bedeutung des Unfallschutzes hingewiesen werden. Er lautet im übertragendem Sinne: **„Unfallschutz geht vor Unterricht."** Lehrer sind verpflichtet, Schüler an der Schule (nicht nur im Unterricht) und bei sonstigen Veranstaltungen vor Unfällen zu schützen. Es besteht eine grundsätzliche **Aufsichtspflicht**. Jede Veranstaltung mit Schülern ist zu beaufsichtigen; das gilt auch für Veranstaltungen außerhalb des Schulgebäudes oder außerhalb der für die Lerngruppe vorgesehenen Unterrichtszeit. Eine solche Veranstaltung bedarf aus unfallschutzrechtlichen Gründen stets der schriftlichten Genehmigung durch die Schulleitung.

Die **Kompetenzen** unter der Lehrerfunktion „Organisieren und Verwalten" sind nach folgenden Gesichtspunkten auszurichten:

- Dokumentation der pädagogischen Arbeit zum Zwecke der Rechenschaftslegung
- Sicherheitserziehung
- Erweiterung des Lernangebotes
- erzieherische Maßnahmen außerhalb des eigentlichen Unterrichts

Die sich daraus ergebenden **Aufgabenbereiche** sind z. B.

- Klassengeschäfte und die mit diesen in Beziehung stehenden Maßnahmen (Führen des Klassenbuches / Kursheftes, Führen von Notenlisten, Vorbereitung, Durchführung und Aus-/Bewertung von Klassen-/Kursarbeiten sowie Übungen und Tests, Erteilen von Hausaufgaben, Übernahme von Aufgaben eines Klassenlehrers wie Einberufen von Klassenkonferenzen u. a.)

- außerschulische Veranstaltungen (z. B. Exkursionen, Wanderungen, Wanderfahrten, Klassen- und Kursfahrten; Besuch außerschulischer Lernorte u. a.)
- Einrichtung offener Unterrichtsformen (z. B. Projekt, Frei- oder Wochenarbeit, Stationenlernen u. a., auch unter Einbeziehung außerschulischer Lernorte)
- Veranstaltungen als Leistungsshow und als Ereignis zur Förderung des Zusammenhalts der Schulgemeinde (einerseits z. B. Tag der offenen Tür, dann Musikveranstaltungen, andererseits z. B. Förderverein, Events in besonderen Sportarten, Schulfest, Entlassfeier, Abschlussball u. a.)

Zahlreiche Aufgaben haben eine **organisatorische Komponente** hinsichtlich der Vorbereitung und Durchführung, eine **didaktische Komponente** hinsichtlich der Zielentscheidungen und der Einstimmung der Schüler auf das geplante Vorhaben sowie eine **erzieherische Komponente** hinsichtlich der Einübung von Verhaltensweisen und -maßnahmen. Im Blick auf die Lehrerfunktion „Organisieren und Verwalten" muss der Lehrer **die rechtlichen Vorschriften erfassen und diese mit den pädagogischen Handlungsprinzipien verbinden**. Es besteht durchaus die Möglichkeit, gegebenenfalls auch Vorschläge zur Weiterentwicklung von Vorschriften zu unterbreiten.

⇨ ***Arbeitsanregungen***

Organisieren und Verwalten

Was verstehen Sie unter einem Schulprogramm? Wie beteiligen Sie sich an dessen Umsetzung?	
Inwieweit kann ein Schulprogramm helfen, die Unterrichtsqualität an einer Schule zu verbessern?	

Inwieweit nutzen Sie für Verwaltungsaufgaben den PC? Wie sinnvoll erscheint Ihnen dies?	
Beschreiben Sie Ihr eigenes Zeit-Management und bewerten Sie es im Blick auf Effizienz.	
Was müssen Sie beachten, wenn Sie aus Krankheitsgründen nicht zum Dienst kommen können?	
Was machen Sie, wenn ein Schüler mehr als einen Unterrichtstag fehlt und Ihnen die Gründe nicht bekannt sind?	
Ihre Klasse der S I möchte in der Schule eine Karnevalsfeier organisieren. Sie sind der Klassenlehrer. Worauf müssen Sie achten?	
Sie planen für eine Klasse ein Methodentraining. Beschreiben Sie Ihre Vorgehensweise unter organisatorischen Gesichtspunkten.	
Sie beabsichtigen, mit einer Klasse eine Exkursion durchzuführen. Beschreiben Sie die Aufgaben, die Sie in der Vorbereitungs-, Durchführungs- und Nachbereitungsphase erledigen werden.	

Diskutieren Sie Ihren Katalog mit Aufgaben zur Vorbereitung und Durchführung der Exkursion mit einer Kollegin / einem Kollegen. Notieren Sie die Ergebnisse des Gesprächs.	
Beschreiben Sie Aufgaben, die Sie im Sinne der Aufsichtspflicht a) in der Unterrichtsstunde, b) in der Pause auf dem Schulhof zu erfüllen haben. Holen Sie sich außerdem von Kollegen Hinweise dazu ein.	
Beschreiben Sie verschiedene Funktionen von Hausaufgaben und informieren Sie sich darüber, in welchem Umfang Hausaufgaben erteilt werden dürfen.	
Versuchen Sie, ein Verfahren zu entwickeln, wie Sie die Schülermitarbeit im Unterricht quantitativ und qualitativ, fortlaufend und gleichverteilt festhalten können.	
Schüler möchten im Rahmen eines Projekts an einem Nachmittag a) an der Schule, b) im Freigelände, c) in einer Bibliothek weiterarbeiten. Welche Regelungen sind von Ihnen zu treffen oder zu beachten, wenn die Weiterarbeit a) von Ihnen in Auftrag gegeben wird oder b) von den Schülern freiwillig – mit Ihrer Kenntnis – organisiert wird?	

1.7. Evaluieren, Innovieren und Kooperieren

Diese Lehrerfunktionen liegen in einem gewissen Sinne quer zu den übrigen. Das Innovieren setzt in der Regel bei einer Problemlage der aktuellen schulischen Situation an: Man erkennt einen Mangel, z. B. einen Mangel an Förderung lernschwacher Schüler, und kommt so auf die Idee, ein Projekt ins Leben zu rufen, das diesen Mangel mindert oder sogar beseitigt (⇨ vgl. a Kap. 1.3. u. 1.5.). Innovieren setzt die Fähigkeit voraus, schulische Wirklichkeit zu analysieren und zu bewerten und über die gängige Praxis hinaus Wünschenswertes zu formulieren. Insofern setzt Innovieren immer Evaluieren voraus. Auf der Basis einer präzisen **Problembeschreibung** lässt sich dann eine Zielsetzung formulieren und diese Schritt für Schritt in die Praxis umsetzen. Im Grundsatz kennzeichnen die Lehrerfunktionen Evaluieren und Innovieren ein methodisches Vorgehen, wie es auch in der **Organisationsentwicklung** üblich ist. Dabei greift man selbstverständlich auf kooperative Arbeits- und Umsetzungsformen zurück, weil dies unter allen Bedingungen effizient ist (vgl. a. Kliebisch / Meloefski 2009a)

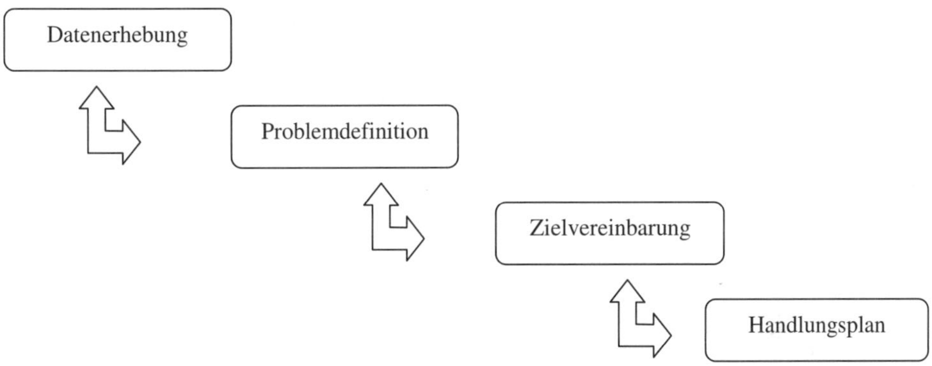

Organisationsentwicklung ist ein Entwicklungsprozess, bei dem man versucht, bestehende Mängel in der Organisation Schule aufzudecken, zu analysieren und zu beheben (vgl. Seitz / Capaul 2007). Die Analyse dient der Erfassung des Ist-Zustands. Zwei **Möglichkeiten zur Datenerhebung** sind besonders zweckmäßig: Fragebogen und Kartenabfrage.

Man entwirft einen **Fragebogen** im Blick auf die Situation, die man untersuchen will. Ein solcher Diagnosebogen sollte so angelegt werden, dass er die Diskrepanz zwischen den Zielen und den aktuellen Zuständen wiedergibt. Ein besonders bekannter Fragebogen ist der **GIL** („Guide to Instutional Learning“). Dieser Fragebogen umfasst fünf Dimensionen, die wiederum in zehn Kategorien eingeteilt sind. Für jede dieser Kategorien gibt es eine an der Likert-Skala ausgerichtete Einschätzungsskala (s. folgende Abbildungen nach Dalin / Rolff / Buchen 1998).

Fünf Dimensionen
1. Werte
2. Normen
3. Beziehungen
4. Strategien
5. Umgebung

Zehn Kategorien	
1. Werte und Ziele	6. Entscheidungsprozesse
2. Unterrichtspraxis	7. Einfluss und Kontrolle
3. Arbeitsklima	8. Veränderungen in der Schule
4. Normen und Erwartungen	9. Zeit für Arbeitsaufgaben
5. Leitung	10. Belohnung

stimmt nicht *stimmt zum Teil* *stimmt genau*

-5	-4	-3	-2	-1	0	+1	+2	+3	+4	+5

Die Kategorien des GIL sind recht allgemein; eine präzise Analyse der Situation ist damit oft nicht möglich. Außerdem ist die Umsetzung einer Umfrage für ein Kollegium sehr aufwändig. Praktikabler ist daher eine **Informationssammlung auf der Grundlage der Moderationsmethode**. Die Moderationsmethode ist besonders demokratisch ausgelegt: Die Aussagen aller Beteiligten sind gleichwertig. Zumindest theoretisch sind die Hierarchieunterschiede aufgehoben und damit Einflussnahmen aufgrund des sozialen Status eines Teilnehmers ausgeschlossen.

Die Moderationsmethode erfasst die Daten über den Ist-Zustand durch eine **Kartenabfrage**. Jeder Teilnehmer (z. B. auch Schüler) kann sich im Stuhlkreis am Gruppengeschehen beteiligen (vgl. Klebert / Schrader / Straub 2006). Mit dem Einstieg werden die Zielsetzung der Sitzung, der zeitliche Rahmen und die inhaltliche Orientierung abgestimmt. Im nächsten Schritt beginnt das Sammeln der Themen zu einer vorgegebenen Fragestellung. Die Fragestellung bezieht sich auf das Problem, das analysiert werden soll. Die Anwesenden notieren einzeln oder in Paaren auf einer oder mehreren Karteikarten jeweils einen Einfall zu der Fragestellung. Die Karteikarten heftet man an eine Pinwand. Dann folgt die Auswertung. Die Karten werden dazu in Clustern geordnet, denen Oberbegriffe zugeteilt werden. Diese Oberbegriffe fungieren als Themenspeicher. Dieser Speicher bleibt während der gesamten Entwicklungsarbeit visualisiert und dient als Grundlage für das weitere Vorgehen. Die Gewichtung der Themen erhält man durch ein Bewertungsverfahren mit Klebepunkten. Die so ermittelte Rangordnung der Themen ist Ausgangspunkt dafür, welche Themen in welcher Reihenfolge bearbeitet werden. Die Karten können jederzeit neu geordnet werden.

Profitipp

Die Moderationsmethode kann man auch mit Schülern im Unterricht anwenden. Sie eignet sich zum Beispiel dafür, beim Einstieg in eine Unterrichtsreihe Themenaspekte zu finden und zu ordnen.

Evaluationen lassen sich auch weniger aufwändig durchführen, z. B. als Selbstbefragung, wenn sie „nur“ den eigenen Unterricht betreffen. Allerdings: In manchen Fällen macht es Sinn, sich über den Horizont eigenen Tuns deutlich hinauszubewegen, will man schulintern Innovationen praxisnah gestalten. Aus den Evaluationsprozessen können zahlreiche **Themenbereiche** hervorgehen, die verbesserungswürdig und daher für Innovationen offen sind. Hier einige Beispiele, gegliedert in fünf Bereiche:

A. Schule als Lern- und Erfahrungsraum

1. Gestaltung der Klassenräume, Flure, Außenanlagen, des Lehrerzimmers

2. Verbesserung der medialen Ausstattung
3. Raumsituation und Raumverteilung im Schulgebäude
4. Hausordnung und Pausenregelung
5. Qualitätssicherung
6. Befindlichkeit von Lehrern und Schülern
7. Aspekte der Schulprogramm-Entwicklung
8. Müllprobleme
9. Schule als Zuhause
10. Aspekte des Ganztagsbetriebs

B. Organisation der Arbeitsbedingungen

1. Informationseinrichtungen
2. Vereinfachung von Verwaltungsabläufen
3. Arbeit von Klassenlehrern und Inhabern von Funktionsstellen
4. Fahrtenprogramme
5. Zusammenarbeit unter den Kolleginnen und Kollegen
6. Kommunikationsprozesse zwischen Eltern und Kolleginnen und Kollegen
7. Unterrichtsverteilung, Stunden- und Vertretungspläne
8. Fragen der Mitbestimmung (Lehrerrat)
9. Gestaltung von Konferenzen, Elternsprechtagen und Pflegschaftssitzungen
10. Organisation von Klassen- und Kursarbeiten

C. Aspekte des Lehrens und Lernens

1. Erkennen von Lerntypen und Lernstilen
2. Verbesserung der Gedächtnisleistungen
3. Verbesserung des Zeit-Managements
4. Nutzung von Entspannungstechniken
5. Nutzung moderner Lehr-/Lern-Methoden
6. Außerunterrichtliche Aktivitäten
7. Nutzung moderner und klassischer Medien
8. Verbesserung der Prüfungsergebnisse
9. Förderung minder- oder hochbegabter Schülerinnen und Schüler
10. Erhöhung der Schüleraktivitäten

D. Events

1. Kollegiumsinterne Fortbildungen
2. Projektwochen
3. Fächerübergreifende Aktivitäten
4. Team-Teaching
5. Öffnung von Schule
6. Tag der offenen Tür
7. Podiumsdiskussionen
8. Schulfeste
9. Film- oder Konzertabende
10. Trainings für Schüler
11. Sportveranstaltungen
12. Diskussionsabende

E. Kommunikations-Management

1. Informationsfluss Schulleitung – Kollegium
2. Informationsfluss unter den Kollegen
3. Informationsfluss Schule – Elternhaus
4. Kommunikation mit externen Institutionen
5. Konflikt-Management
6. Verbesserung der Beratungskompetenz der Lehrer
7. Sprache, Auftreten und Outfit
8. Elternforum
9. Schülervertretung
10. Krisen-Management
11. Schülerzeitung
12. Öffentlichkeitsarbeit

Für die konkrete Umsetzung entsprechender Projekte lohnen sich Teams, die gemeinsam entscheiden und handeln. Unabhängig von solchen schulinternen Innovationen soll der einzelne Lehrer natürlich auch seinen persönlichen Arbeitsbereich, also vor allem seinen Unterricht und dessen Ergebnisse, evaluieren und stetig verbessern. Dabei kann er analoge Verfahren einsetzen.

⇨ ***Arbeitsanregungen***

Evaluieren, Innovieren und Kooperieren

Welche Formen der Evaluation Ihres eigenen Unterrichts haben Sie bisher genutzt?	
Beurteilen und formulieren Sie die Ergebnisse Ihrer Evaluationen und beschreiben Sie die Maßnahmen, die Sie dann ergriffen haben.	
Nennen Sie Bereiche, die an Ihrer Schule verbesserungswürdig sind. Welche Maßnahmen könnten Sie ergreifen?	
Welche Formen der Kooperation mit Kollegen haben Sie bisher praktiziert?	
Welche Möglichkeiten der Kooperation könnten Sie sich zusätzlich vorstellen? Wie würden Sie diese initiieren?	
Nehmen Sie an, Sie wollen eine Supervisionsgruppe gründen. Gäbe es dafür an Ihrer Schule Bedarf? Wie würden Sie dann vorgehen?	

Welche Mitwirkungsorgane an der Schule kennen Sie? Welche Aufgaben haben diese Organe?	
Wie und wem geben Sie Rückmeldung über Ihre Arbeit? Wie sinnvoll finden Sie Ihr bisheriges Rückmeldeverhalten?	
Wie nutzen Sie das Feedback von Kolleginnen und Kollegen für Ihre Arbeit?	
Inwieweit beteiligen Sie sich an der Entwicklung kooperativer Unterrichtskonzepte?	
Inwieweit arbeiten Sie mit schulexternen Partnern zusammen?	
Welche Fortbildungen haben Sie besucht? Wie bewerten Sie die Veranstaltungen im Blick auf ihren unmittelbaren Nutzen für Unterricht?	

1.8. Selbstreflexion des Lehrers

Unter **Selbstreflexion** versteht man die Aufgabe des Lehrers, das Wissen über die eigene Lehrertätigkeit zu prüfen und zu erweitern; dadurch gewinnt der Lehrer Orientierung für neue Zielentscheidungen und Einsichten in nachfolgendes Handeln. Ein Lehrer wird Situation und Probleme seiner Tätigkeit besser verstehen und gezielter handeln können, wenn er sich mit der Wirkung des eigenen Handelns und der Realisierung der intendierten Zielen nachhaltig auseinandersetzt. Die Lehrertätigkeit umfasst die Handlungsfelder Unterrichten, Beurteilen und Erziehen, Diagnostizieren und Beraten, Innovieren sowie Organisieren, Verwalten und Evaluieren. Zustand und Prozesse dieser Handlungsfelder sind die Bezüge, über die reflektiert wird – **eine Art innerer Dialog**, den der Lehrer mit sich selbst zu führen hat.

In Bezug auf diese Handlungsfelder ist die Selbstreflexion (Selbstbefragung) eine **Voraussetzung für Prozesse der kontinuierliche Anpassung und Feinabstimmung** in einer Lernumgebung, in der sich die Lernvoraussetzungen, Bedürfnisse und Interessen der Schüler recht kurzfristig verändern. Die pluralen Einflüsse der Gesellschaft verstärken zudem die bestehende Unterschiedlichkeit der Lernvoraussetzungen, der Lernfähigkeiten und Lernstile der Schüler auf verschiedene Weise. Die Selbsteinschätzung der eigenen Lehrtätigkeit und die Bereitschaft, Konsequenzen aus den Feststellungen zu ziehen und umzusetzen, stellen wichtige Gesichtspunkte der Selbstreflexion des Lehrers dar. Ein anderer Gesichtspunkt ist der, Dritten (z. B. Eltern) gegenüber Rechenschaft über die eigene Tätigkeit ablegen zu können. Die Selbstreflexion soll zu erfolgreichem Handeln des Lehrers führen. Das Lehrerhandeln soll einerseits die gesellschaftlichen Rahmenbedingungen von Schule und Unterricht erfüllen und andererseits die Schüler so fördern, dass sie ihre Lern- und Arbeitsmöglichkeiten optimal nutzen.

Bei der Selbstreflexion steht zunächst die Unterrichtspraxis im Vordergrund; es sollte dabei aber auch um das **eigene Lehrerbild** gehen. Dieses beinhaltet u. a. Vorstellungen von den eigenen **Fähigkeiten**, von den eigenen **Kontrollmöglichkeiten** über die Folgen der eigenen Handlungen, und es impliziert Vorstellungen von den persönlichen **Eigenschaften** des Lehrers.

Im Rahmen der Selbstreflexion scheint eine wichtige Komponente das Bild zu sein, das der Lehrer von sich hat. Dieses Eigenbild bezieht sich auf alle Gesichtspunkte des Bewusstseins von der eigenen Person. Jeder Lehrer hat auf Grund seiner Persönlichkeitsstruktur, seiner Ausbildung und Erfahrung und seines persönlichen Umfeldes eine ausgeprägte Vorstellung von seiner Person überhaupt und von seiner Person als Lehrer (Lehrerpersönlichkeit). Darüber hinaus hat der Lehrer Vorstellungen davon, wie er sich sein Selbst wünscht (Persönlichkeitsideal). Außerdem ist das Lehrersein nicht allein eine Kombination oder Summe der Persönlichkeitseigenschaften, sondern sich insbesondere auch als eine soziale Rolle darstellt. Das **Lehrerbild** ist daher **vielschichtig und multiperspektivisch**.

Die **Identifikation eines Lehrers mit seinem Lehrerbild** ist ihm in der Regel **nur zum Teil bewusst**. Sie bildet aber doch eine bedeutende Ausgangslage für sein Lehr- und Erziehungshandeln. Es ist eine Frage, ob das subjektive Lehrerbild durch solche Merkmale charakterisiert ist, die es dem Lehrer jederzeit und in allen Fällen ermöglichen, ausgesprochene oder vermutete Anforderungen an seine Lehrertätigkeit zu befriedigen. Um dieses aufzuklären, muss das eigene Lehrerbild bewusst gemacht und an theoretischen und praktischen Alternativen gespiegelt werden. Das eigene Lehrerbild wird zudem konfrontiert mit dem Lehrerbild, das ein Betrachter (z. B. Schüler, Eltern, Kollegen, Schulleiter, Ausbilder) auf Grund seiner subjektiven Beurteilung hat.

Lehrerbilder als Selbstbildnisse finden sich in verschiedenen Beschreibungen von **Lehrertypen** wieder, in denen man Lehrer nach Verhaltensmerkmalen oder Einstellungen klassifiziert. Es scheint einen Zusammenhang zwischen Lehrertypen, Unterrichtsprozessen und Lernergebnissen zu geben, wenngleich dieser durch die pädagogische Forschung noch nicht in generalisierbaren Aussagen erfassbar ist.

Bei der hier beschriebenen Selbstreflexion steht die **Selbsterkundung der eigenen Person** im Vordergrund. Darunter soll das Bewusstmachen der persönlichen Art und Weise verstanden werden, wie man sich als Lehrer erlebt und sieht. Die Wahrnehmung der eigenen Person ist allerdings eine schwierige Aufgabe. Ein typisches Verhalten ist durch eine Reihe von Verhaltensweisen und Merkmalen bestimmt. Es erscheint daher sinnvoll, sich mit Hilfe der vorhandenen Typologien und Verhaltensklassifikationen von Lehrern seinem eigenen Lehrerbild zu nähern. Dabei wird man zunächst einzelne Momente der Unterrichtspraxis auswählen, um diese auf ihre tatsächliche oder vermutete Wirkung hin zu analysieren. Grundlage bietet eine Niederschrift (nachträglich oder im Unterricht angefertigt) über die eigenen Feststellungen (vgl. a. Schaarschmidt 2009).

Eine Reflexion über die eigene **Unterrichtspraxis** setzt voraus, dass Informationen über die verschiedenen Momente des Unterrichts wie z. B. den Verlauf des Lehr-/Lernprozesses, die Verhaltensweisen der Beteiligten (Lehrer und Schüler) und über die Störfaktoren der Lehr-/Lern- und Erziehungsarbeit vorhanden sind. Die Aufgabe der Informationsbeschaffung erscheint auf den ersten Blick einfach, denn der Lehrer sieht und hört ja, was sich im Unterricht abspielt. Lehrer nehmen Schülerverhalten und Klassengeschehen wahr, um im Unterricht **Lehr-/Lernprozesse und Lernergebnisse zu analysieren, zu bewerten und zu beurteilen**. Die Informationen hierzu liefert die eigene Wahrnehmung des Unterrichtsgeschehens.

Wahrnehmungen sind subjektive Prozesse und gehen mit Verzerrungen einher, die durch die Situation und durch den Wahrnehmungsprozess selbst entstehen (vgl. u. a. Watzlawick 2007). Häufig kann die Wahrnehmung nicht in Ruhe und Gelassenheit erfolgen, wenn sie in die anstrengende, die volle Aufmerksamkeit fordernde Unterrichtstätigkeit eingebettet ist. Die Wahrnehmung selbst ist ein komplexes Geschehen; dabei entstehen im Gehirn durch Selektion und Konstruktion „Bilder", die die Wirklichkeit unterschiedlich gut wiedergeben. Generalisierungen, Tilgungen und Verzerrung treten auf, weil Wahrnehmungen von verschiedenen Bedingungen abhängen können, z. B. von Erwartungen (Erwartungswahrnehmung) und Ursachenzuweisung (Kausalitätswahrnehmung). Außerdem spielt die Verfestigung der Wahrnehmungsabläufe zu stereotypen Sichtweisen eine Rolle. Unter all diesen Bedingungen sind Fehleinschätzungen auf Grund der eigenen Wahrnehmungen unvermeidlich. Wird eine Einschätzung nicht immer wieder durch die Erfahrung korrigiert, dann verfestigt sich die Wahrnehmung zu einem **Vorurteil**. Vorurteile bleiben – auch bei widersprechender Erfahrung – sehr stabil erhalten. Ein durch die Fehleinschätzung ausgelöstes Verhalten wird als **Pygmalion-Effekt** (**self-fulfilling prophecy**) bezeichnet. Ein Schüler z. B. verhält sich so, wie der Lehrer es von ihm erwartet und auch nur wie er glaubt, dass der Lehrer es von ihm erwartet.

Es ist ein gängiger Weg, in der beruflichen Praxis mit Einschätzungen umzugehen, auch wenn diese nicht immer zuverlässig sind. Man muss sich immer wieder aufs Neue mit den Erfahrungen auseinandersetzen und seine **Erfahrung** durch fortlaufende Erhebung von Informationen und durch Probieren und Reflektieren **immer wieder neu bestimmen,** um diese Einschätzungen flexibel und reversibel zu halten. Die Einschätzungen werden insbesondere dann zuverlässiger, wenn man seine Informationen durch systematische Beobachtungen von Unterrichtssituationen und -ereignissen zu gewinnen. Hierbei wendet man ein **Analyseverfahren** an, bei dem die Informationsgewinnung durch Datenerhebung erfolgt und das Datenerhebung und Dateninterpretation klar zu trennen erlaubt. Diese Methode hat einen Vorteil: Sie führt zu einem unmittelbaren Einblick in die tatsächlichen Abläufe und Zustände in der Unterrichtspraxis. Beobachten ist eine geplante, zielgerichtete Ermittlung unter Beachtung bestimmter Gesichtspunkte und Regeln. Beobachtung wird nicht auf Grund von Eindrücken oder Vermutungen nachträglich konstruiert. Der Beobachter selbst nimmt bei diesem Verfahren eine rezeptive Haltung ein.

Voraussetzung ist die **genaue Beschreibung einer Situation**; als Grundlagen muss man Beobachtungskategorien oder Leitfragen erstellen. Die Kategorien (Leitfragen) für die Beobachtung sind situationsgemäß zu wählen; es muss gesichert sein, dass man zuverlässige Antworten auf die jeweilige Frage erhalten kann. Die Beobachtung muss einen Zustand oder eine Ereignis eindeutig zu bewerten erlauben; so stellt man Klarheit darüber her, welche Konsequenzen zu ziehen sind. Die eigene Beobachtung wird dokumentiert – entweder durch (nachträgliche) Anfertigung eines Protokolls oder Ausfüllen eines vorgefertigten Fragebogens.

Die Bestandsaufnahme von Stärken und Schwächen bietet dem Lehrer die Chance, neue, entwickelnde und gestaltende Aufgaben im Unterricht anzugehen. Die Erhebung von Daten soll zu Ergebnissen führen, die dem Lehrer bei der Bewältigung wichtiger und drängender Fragen helfen. Deshalb muss man vor Beginn einer Erhebung deren **Ziele klären** und entsprechende Aufgaben bzw. Fragen genau beschreiben. Die oben genannten Handlungsfelder helfen, Zuordnungen für die zu untersuchenden Zustände und Vorgänge zu finden.

Man muss **Kriterien als Bezugsrahmen** bestimmen, wenn mit Hilfe der Analyse wertende Aussagen getroffen werden sollen. Die Kriterien können in Bezug auf den Lehr-/Lernprozess den Richtlinien und Lehrplänen, in Bezug auf die Erziehungsaufgaben dem Schulprogramm oder dem Schulgesetz entnommen werden. Hierbei spielen aber auch die eigenen (siehe Lehrerbild) und die vereinbarten (Schule) Vorstellungen über Erziehungs- und Bildungsziele eine wesentliche Rolle. Die Erörterung der Ergebnisse und die Planung von Konsequenzen hat der Lehrer mit sich selber zu führen. Man wird Beobachtungsaufträge wiederholen und nach verschiedenen Gesichtspunkten konzipieren (z. B. hypothesengeleitet) und vergleichend auswerten, um Verzerrungen in der Bewertung und Beurteilung zu minimieren. Ergänzend sollten Rückmeldungen und Erörterungen mit Außenstehenden (z. B. Lehrern, Ausbildern) angestrebt werden. Dadurch kann man auch andere Sichtweisen kennen lernen und sich auf sie einlassen.

⇨ ***Arbeitsanregungen***

Selbstreflexion des Lehrers

Notieren Sie sich einige der Routinen (= handwerksmäßige Gewandtheit), die Sie im Unterricht praktizieren.	
Versuchen Sie zu klären, welche Aspekte Ihres Lehrerbildes bei diesen Routinen zur Geltung kommen.	
Beschreiben Sie einige Merkmale eines autoritären / autokratischen Verhaltens im Unterricht (vgl. Typologie von Lewin).	

Wie müssten diese Merkmale bei Anwendung eines demokratischen Unterrichtsstils verändert werden?	
Vergleichen und beurteilen Sie die Phasen eines Unterrichts an Beispielen, die an Hand der Merkmale dieser beiden Verhaltensweisen gestaltet werden.	
Stufen Sie Schüler Ihrer Lerngruppen ein. Die Gesichtspunkte dabei bleiben Ihnen überlassen.	
Geben Sie danach die Merkmale an, nach denen Sie bei der Einstufung vorgegangen sind, und begründen Sie Ihre Einstufung.	
Geben Sie nunmehr zu jeder der genannten Begründungen eine alternative Begründung an.	

Versuchen Sie zu klären, welches Lehrerbild jeweils bei Ihren Begründungen zum Tragen kommt.	
Geben Sie mit positiver und mit negativer Gewichtung typische Items zur Feststellung des „Emotionalen Klimas“ im Unterricht an.	
Verfahren Sie entsprechend für die Dimensionen eines „ungerechten“ / „gerechten“ Lehrerverhaltens.	

Informieren Sie sich über die Dimensionen des Lehrerverhaltens nach Tausch und Tausch (1998).

- Bewerten Sie dann in den folgenden drei Beispielen das Lehrerverhalten mit einem Wert von –5 (= maximale Geringschätzung) bis +5 (maximale Wertschätzung).
- Ordnen Sie das Lehrerverhalten in den Beispielen einer der Verhaltensweisen „autokratisch“ und „demokratisch“ (= „sozialintegrativ“) zu.
- Begründen Sie Ihre Auffassung.

Beispiel 1

Ein Schüler spricht mit seinem Nachbarn. Sie haben vorher wiederholt eine Strafarbeit in entsprechenden Fällen angedroht. Sie verkünden: „Kurt, du gehörst auch dazu; du meldest dich nachher.“

Geringschätzung *Wertschätzung*

-5	-4	-3	-2	-1	0	+1	+2	+3	+4	+5

Das Lehrerverhalten ist

- o autoritär
- o demokratisch

Meine Begründung:

Beispiel 2

Eine Schülerin hat eine Antwort gegeben, die im Lärm der Klasse untergegangen ist. Sie sprechen in die Klasse: „Die Ilse wollte eben etwas sagen, aber man konnte sie gar nicht verstehen."

Geringschätzung *Wertschätzung*

-5	-4	-3	-2	-1	0	+1	+2	+3	+4	+5

Das Lehrerverhalten ist

- o autoritär
- o demokratisch

Meine Begründung:

Beispiel 3

Ein Schüler sagt ein Gedicht stockend auf. Sie kommentieren: „Oh, oh! So etwas nennst du Gedicht gelernt! Wir sprechen uns in der Pause."

Geringschätzung *Wertschätzung*

-5	-4	-3	-2	-1	0	+1	+2	+3	+4	+5

Das Lehrerverhalten ist

- o autoritär
- o demokratisch

Meine Begründung:

Meine Begründung:

1.9. Planungs- und Entwicklungsgespräch (PEG)

Bei den einzelnen Lehrerfunktionen wird man nur wenige Handlungskompetenzen gleichzeitig beobachten. **Schwerpunktsetzungen** sind angebracht; diese werden sich zunächst auf den Bedürfnisstand beziehen. Durch die nachträgliche Vernetzung der schwerpunktmäßigen Erhebungen und deren Ergebnis mit bestimmten Handlungsweisen verschiedener Lehrerfunktionen (z. B. aus „Unterrichten" und aus „Erziehen") wird die Möglichkeit geschaffen, über besondere Bedingungen in einer Lerngruppe Aufschluss zu erhalten. Dadurch ist eine Voraussetzung gegeben, in einem Kontext flexibel reagieren zu können. Persönlichen Ressourcen und Erfahrungen sowie eigenen Leitvorstellungen kann man so in angemessener Weise Rechnung tragen.

In der **Ausbildung** hat die **Orientierung auf Handlungsziele** eine zentrale Funktion, um Handlungskompetenzen aufbauen und verbessern zu können. Entsprechende Reflexionen finden in den Unterrichtsnachbesprechungen statt. In Nordrhein-Westfalen und in verschiedenen anderen Bundesländern gibt es darüber hinaus am Ende des ersten Ausbildungsjahres das „Planungs- und Entwicklungsgespräch" (kurz als PEG bezeichnet), bei dem Fremd- und Selbsteinschätzungen über die erreichten und noch zu erreichenden Handlungskompetenzen reflektiert und Handlungsziele formuliert werden. Das PEG ersetzt formal das Zwischengutachten, das früher von den Fachleitern erstellt wurde und in der Hauptsache das vom Lehramtsanwärter (Referendaren) Erreichte aus der Sicht des Ausbilders spiegelte. Das PEG hingegen ist ein Gespräch, das der Lehramtsanwärter mit einem von ihm gewählten Seminarausbilder (Fachseminarleiter oder Hauptseminarleiter) und mit einem Ausbildungslehrer (in der Regel mit dem Ausbildungskoordinator der Schule) führt.

Der Lehramtsanwärter bestimmt beim PEG das Verfahren. Er legt die Lehrerfunktionen und die in diesen beschriebenen Handlungsfelder fest, über die er das Gespräch führen möchte. Die Gesprächespunkte sollten zweckmäßigerweise in einem sogenannten Positionspapier oder Portfolio zusammengestellt und den weiteren Beteiligten rechtzeitig zur Verfügung gestellt werden. Diese Maßnahme unterstützt das Reflexionsgespräch, weil es jedem Beteiligten erleichtert, seine Eindrücke (positive wie negative) im vorgegebenen Rahmen zu thematisieren.

Beim PEG geht es darum, auf die Entwicklung von Qualifikationen und den erreichten Ausbildungsstand des Lehramtsanwärters Bezug zu nehmen und Perspektiven für die weitere Ausbildung aufzuzeigen. Im PEG sollen **Handlungsfelder der Lehrerfunktionen Unterrichten und Erziehen und die mit diesen in Beziehung stehenden Lehrerfunktionen Beurteilen und Beraten im Gespräch der Beteiligten zu reflektieren.** Gleichzeitig wird der Lehramtsanwärter als selbstverantwortlich Lernender in die Aufgaben der Selbstreflexion eingeführt.

Dem Lehramtsanwärter bietet sich im PEG die Möglichkeit, **durch selbstkritische Darstellung der Eigenwahrnehmungen den Stand seiner Qualifikationen in den Handlungsfeldern der Lehrerfunktionen aufzuzeigen**. Darüber hinaus kann er **Felder beschreiben, auf denen er sich persönlich entwickeln möchte**. Er kann sich während des Gesprächs beraten lassen und die Erfahrung der Beteiligten einholen. Auf dieser Basis lassen sich Zielprojektionen formulieren, die für den Referendar im zweiten Teil seiner Ausbildung zielführend werden sollten. Die Ausbilder sollten diese Zielprojektionen bei der weiteren Beratung und Beurteilung des Referendars angemessen berücksichtigen. So vollzieht sich eine Annäherung an die gemeinsam verantwortete Zielprojektion.

Kompetenzentwicklung als reflektierte und zielgerichtete Umgestaltung der ständig im Wandel begriffenen Tätigkeit als Lehrer muss sich an der Verwirklichung gestellter Anforderungen in der Praxis ausrichten. Das PEG zielt darauf ab, **dass sich die Auszubildenden mit den gestellten Anforderungen und den eigenen Möglich-**

wird. Bestimmte Überzeugungen und Vorstellungen eines Lehrers können z. B. dazu führen, dass manche didaktisch-methodische Entscheidungen bevorzugt getroffen werden. Die äußeren Anforderungen werden durch die Ausbilder vermittelt und im Besonderen durch die Arbeit im Rahmen der Ausbildung am Studienseminar sinnfällig gemacht. Empirische Untersuchungen bestätigen die vermittelten Qualitätsstandards. Eine gängige Übersicht dazu findet man z. B. in der Zusammenstellung „10 Merkmale eines guten Unterrichts" bei Hilbert Meyer (2004).

Merkmale von Unterrichts- und Erziehungsqualität können nicht mit universeller Gültigkeit definiert werden. Die Ausbildung muss daher die einer Person innewohnenden spezifischen und bedeutenden Voraussetzungen zur Entfaltung bringen. Die Auseinandersetzung mit der Tätigkeit als Lehrer sollte daher auch eine mit dem eigenen Lehrerbild sein. Unter diesem Gesichtspunkt geht das PEG darüber hinaus, lediglich singuläres Handeln in einzelnen Situationen des Unterrichts zu erörtern; **vielmehr steht das Kompetenzprofil des Lehrers im Blickpunkt**. Dieses Profil kann und darf aber nur im Kontext der individuellen Möglichkeiten des Lehrers und unter der Leitlinie seines persönlichen Lehrerbildes betrachtet und weiterentwickelt werden. Zur Ermittlung des eigenen Lehrerbildes kann man zunächst eine Selbstbefragung durchführen. Im nächsten Schritt wird die Selbsteinschätzung an dem Feedback von Beteiligten (Seminarausbilder, Ausbildungslehrer, Schulleiter, Schüler, Mitreferendare als Fremdbeobachter) gespiegelt.

Bei der Vorbereitung auf das PEG können Referendare verschiedene Hilfsmittel nutzen, die wir im Anschluss vorstellen:

- Vorbereitungsraster
- Fragebogen zur Kompetenzanalyse
- Bogen zur Diagnostik und Entwicklung
- Kompetenz-Kreuz

Die Auszubildenden können die drei Instrumente einzeln oder kombiniert einsetzen. Auch den Ausbildern helfen diese Instrumente, sich auf die Planungs- und Entwicklungsgespräche vorzubereiten.

⇨ **Hilfsmittel: Vorbereitungsraster**

Planungs- und Entwicklungsgespräch (Vorbereitungsraster)	
Wann? am Ende des zweiten Ausbildungshalbjahres	= in den letzten sechs Wochen vor Ende des zweiten Ausbildungshalbjahres ➢ Für die Organisation des PEG verantwortlich: Referendar/in ➢ ⇨ Zeitpunkt des PEG: z. B. im Anschluss an eine Hospitation; kein Unterrichtsausfall ➢
Wer? ein Vertreter des Seminars ein Vertreter der Schule	= eine/r Ihrer Ausbilder/innen = z. B. Ausbildungskoordinator/in, aber auch jeder Ausbildungslehrer/in
Was? PEG bezieht sich auf die 1.) **Entwicklung** von Qualifikationen und den erreichten **Ausbildungsstand**	= Bestandsaufnahme (= Diagnose) Grundlagen: Lehrerfunktionen / Standards ⇨ Wie? / ergänzend: Seminarthemen ▪ Was kann ich schon? ▪ Womit genau habe ich welche Schwierigkeiten? ▪ Wie erkläre ich mir diese Schwierigkeiten? ➢ Seminar- und Schulvertreter als Berater
2.) **Perspektiven** für die weitere Ausbildung in Schule und Seminar	= Zielorientierung (= Entwicklungsperspektiven) ▪ Was genau will ich in Zukunft verbessern? ▪ Wie genau möchte ich dies machen? ▪ Wer kann / soll dies wie prüfen? ➢ Seminar- und Schulvertreter als Berater

Wie? 1. **Selbstdarstellung** der Referendarin / des Referendars (= strukturierter, vorbereiteter **Vortrag**; Dauer ca. 10 Minuten) 2. anschl. beratendes **Gespräch** mit den beiden Vertretern von Schule und Seminar 3. **Gesamtdauer** i. d. R. ca. 60 Minuten	**Die Vorbereitung in drei Schritten:** 1. Durchsicht der Lehrerfunktionen / Standards / evtl. Seminarthemen im Blick auf das Was? • Unterrichten (z. B. Planung, Durchführung, auch spezielle Fragen wie Arbeits- und Sozialformen, Gesprächsführung inkl. Lenkung und Öffnung, Formulieren von Arbeitsaufträgen) • Erziehen (z. B. Konflikte, Störungen) • Beraten (z. B. Hochbegabte, verhaltensauffällige Schüler, Elterngespräche, Methoden) • Diagnostizieren / Fördern / Beurteilen (z. B. Leistungsbewertung bei Gruppenarbeit, Klausuren, Erkennen von Leistungs- und Lernschwächen, Maßnahmen bei Auffälligkeiten) • Organisieren, Verwalten, Evaluieren / Innovieren / Kooperieren (z. B. Selbst-Management inkl. Zeit- und Stress-Management, Formen der Selbstreflexion, Verwaltung von Schule, Ausbildungssituation an der Schule, Initiativen) 2. Auswahl der Themen und Aspekte 3. Anlage eines strukturierten Vortrags • Einordnung der gewählten Themen und Aspekte in den Rahmen der eigenen Lehrerrolle • Analyse und Bewertung der Aspekte (= Diagnose: Was ist wie und warum so, wie es ist?) • Zielperspektiven im Blick auf die Aspekte (= Entwicklung: Was soll sich wann, wie, woraufhin verändern?) • Konkrete Fragen zu Diagnose und Entwicklung

⇨ Hilfsmittel: Fragebogen zur Kompetenz-Analyse (Ausbildung)

Mit dem folgenden Fragebogen können Sie testen, wie Sie Ihre Rolle als Lehrer ausfüllen und wie kompetent Sie sich in Ihrem Berufsfeld fühlen.

Beispiel

Ich bin stets ausgeglichen.

stimmt nicht *stimmt zum Teil* *stimmt genau*

-5	-4	-3	-2	-1	0	+1	+2	+3	+4	+5
									X	

Die Antwort „+4" besagt: Ja, ich bin fast immer ausgeglichen.

Und hier die Testaussagen:

1. Ich beteilige die Schüler an der Planung meines Unterrichts.

stimmt nicht *stimmt zum Teil* *stimmt genau*

-5	-4	-3	-2	-1	0	+1	+2	+3	+4	+5

2. Ich lebe den Schülern täglich Sekundärtugenden vor.

stimmt nicht *stimmt zum Teil* *stimmt genau*

-5	-4	-3	-2	-1	0	+1	+2	+3	+4	+5

3. Ich weiß genau, wie ich in meinem Unterricht Schülern helfen kann, mündige Erwachsene zu werden.

stimmt nicht *stimmt zum Teil* *stimmt genau*

-5	-4	-3	-2	-1	0	+1	+2	+3	+4	+5

4. Ich weiß, wie ich Konflikte kooperativ lösen kann, und beteilige die Schüler an solchen Lösungsgesprächen.

stimmt nicht *stimmt zum Teil* *stimmt genau*

-5	-4	-3	-2	-1	0	+1	+2	+3	+4	+5

5. Ich kann meine eigenen Gefühle im Unterricht formulieren und fördere dadurch, dass die Schüler auch ihre Gefühle artikulieren.

stimmt nicht *stimmt zum Teil* *stimmt genau*

-5	-4	-3	-2	-1	0	+1	+2	+3	+4	+5

6. Ich kann auf aggressives Verhalten von Schülern so eingehen, dass daraus ein konstruktives Miteinander wird.

stimmt nicht *stimmt zum Teil* *stimmt genau*

-5	-4	-3	-2	-1	0	+1	+2	+3	+4	+5

7. Ich weiß, wie ich Schüler mit besonderen Begabungen oder besonderen Schwächen fördern kann.

stimmt nicht *stimmt zum Teil* *stimmt genau*

-5	-4	-3	-2	-1	0	+1	+2	+3	+4	+5

8. Ich thematisiere mit meinen Schülern Grundwerte des Zusammenlebens.

stimmt nicht *stimmt zum Teil* *stimmt genau*

-5	-4	-3	-2	-1	0	+1	+2	+3	+4	+5

9. Ich besitze Medienkompetenz.

stimmt nicht *stimmt zum Teil* *stimmt genau*

-5	-4	-3	-2	-1	0	+1	+2	+3	+4	+5

10. In meinem Unterricht übernehmen Schüler auch Aufgaben des Lehrers.

stimmt nicht *stimmt zum Teil* *stimmt genau*

-5	-4	-3	-2	-1	0	+1	+2	+3	+4	+5

11. Ich habe Grundkenntnisse der Erziehungswissenschaften und wende sie an.

stimmt nicht *stimmt zum Teil* *stimmt genau*

-5	-4	-3	-2	-1	0	+1	+2	+3	+4	+5

12. Ich habe Grundkenntnisse der Lernpsychologie und nutze diese für die Vorbereitung meines Unterrichts.

stimmt nicht *stimmt zum Teil* *stimmt genau*

-5	-4	-3	-2	-1	0	+1	+2	+3	+4	+5

13. Ich habe ein großes Repertoire an schülerorientierten Arbeitsformen und kann diese auch anwenden.

stimmt nicht *stimmt zum Teil* *stimmt genau*

-5	-4	-3	-2	-1	0	+1	+2	+3	+4	+5

14. Ich fühle mich gut ausgebildet.

stimmt nicht *stimmt zum Teil* *stimmt genau*

-5	-4	-3	-2	-1	0	+1	+2	+3	+4	+5

15. Ich kenne verschiedene Dimensionen von Lernzielen, ich kann sie hierarchisieren und ich kann Lernziele angemessen formulieren.

stimmt nicht *stimmt zum Teil* *stimmt genau*

-5	-4	-3	-2	-1	0	+1	+2	+3	+4	+5

16. Ich kann Unterrichtsthemen angemessen formulieren.

stimmt nicht *stimmt zum Teil* *stimmt genau*

-5	-4	-3	-2	-1	0	+1	+2	+3	+4	+5

17. Ich weiß, welche Elemente eine Unterrichtsstunde haben sollte (Unterrichtsverlauf).

stimmt nicht *stimmt zum Teil* *stimmt genau*

-5	-4	-3	-2	-1	0	+1	+2	+3	+4	+5

18. In meinen Unterrichtsstunden kommt die Vernetzung der Inhalte nie zu kurz.

stimmt nicht *stimmt zum Teil* *stimmt genau*

-5	-4	-3	-2	-1	0	+1	+2	+3	+4	+5

19. Ich fühle mich sicher bei der Umsetzung meiner Unterrichtsplanung. Meine Unterrichtsstunden sind in der Regel gelungen.

stimmt nicht *stimmt zum Teil* *stimmt genau*

-5	-4	-3	-2	-1	0	+1	+2	+3	+4	+5

20. Ich fühle mich sicher in der Leistungsbeurteilung meiner Schüler.

stimmt nicht *stimmt zum Teil* *stimmt genau*

-5	-4	-3	-2	-1	0	+1	+2	+3	+4	+5

21. Ich habe Beratungskompetenz.

stimmt nicht *stimmt zum Teil* *stimmt genau*

-5	-4	-3	-2	-1	0	+1	+2	+3	+4	+5

22. Ich kenne außerschulische Beratungsinstitutionen und verweise bei Bedarf Schüler und deren Eltern an diese Institutionen.

stimmt nicht *stimmt zum Teil* *stimmt genau*

-5	-4	-3	-2	-1	0	+1	+2	+3	+4	+5

23. Ich engagiere mich in der Schule über den Unterricht hinaus.

stimmt nicht *stimmt zum Teil* *stimmt genau*

-5	-4	-3	-2	-1	0	+1	+2	+3	+4	+5

24. Ich bereite mich stets zu Hause auf die Stellungnahme zu meinem Unterricht vor, die ich im Rahmen von Hospitationen abgeben soll.

stimmt nicht *stimmt zum Teil* *stimmt genau*

-5	-4	-3	-2	-1	0	+1	+2	+3	+4	+5

25. Ich bin zufrieden mit meiner Berufswahl.

stimmt nicht *stimmt zum Teil* *stimmt genau*

-5	-4	-3	-2	-1	0	+1	+2	+3	+4	+5

26. Wenn ich bei mir im Zusammenhang mit meinen beruflichen Aufgaben Stressreaktionen erkenne, weiß ich immer, wie ich damit umgehen kann.

stimmt nicht *stimmt zum Teil* *stimmt genau*

-5	-4	-3	-2	-1	0	+1	+2	+3	+4	+5

27. Ich beteilige mich aktiv am Geschehen in den Ausbildungsseminaren bzw. an der Ausbildungsschule.

stimmt nicht *stimmt zum Teil* *stimmt genau*

-5	-4	-3	-2	-1	0	+1	+2	+3	+4	+5

28. Ich engagiere mich in den Gesprächen mit Ausbildungslehrern bzw. in den Gesprächen mit meinen Seminarausbildern.

stimmt nicht *stimmt zum Teil* *stimmt genau*

-5	-4	-3	-2	-1	0	+1	+2	+3	+4	+5

29. Ich habe weder inhaltliche, noch didaktische oder zeitliche Probleme bei der Vorbereitung von Unterricht.

stimmt nicht *stimmt zum Teil* *stimmt genau*

-5	-4	-3	-2	-1	0	+1	+2	+3	+4	+5

30. Meine Arbeitsbelastung ist erträglich.

stimmt nicht *stimmt zum Teil* *stimmt genau*

-5	-4	-3	-2	-1	0	+1	+2	+3	+4	+5

Auswertungsbogen

Tragen Sie jetzt die im Fragebogen angekreuzten Punktwerte sorgfältig in den unten abgedruckten Auswertungsbogen ein. Machen Sie kleine Kreuze in die entsprechenden Felder. Verbinden Sie anschließend die einzelnen Kreuze durch eine Linie miteinander.

Nr.	-5	-4	-3	-2	-1	0	+1	+2	+3	+4	+5
1											
2											
3											
4											
5											
6											
7											
8											
9											
10											
11											
12											
13											
14											
15											
16											
17											
18											
19											
20											
21											
22											
23											
24											
25											
26											
27											
28											
29											
30											

Zu Ihrer Information:

Je mehr Ihre „Kompetenzlinie“ im linken, negativen Bereich des Diagramms verläuft, desto geringer haben Sie Ihre Fähigkeiten in Ihrem Berufsfeld entwickelt. Sie sollten etwas dagegen tun! Je mehr die Linie im rechten, positiven Teil des Diagramms verläuft, desto größer ist Ihre Fähigkeit, sich in Ihrem Berufsfeld souverän zu verhalten. Arbeiten Sie weiter in diese Richtung!

⇨ **Hilfsmittel: Feedbackbogen zur Diagnose und Entwicklung**

Feedbackbogen zur Diagnose und Entwicklung

Name:

Datum:

***Halbjahr:* 1 ☐ 2 ☐ 3 ☐ 4 ☐**

(Zutreffendes mit X ankreuzen)

1. Rückblick und Rückmeldung

Beschreiben Sie hier Ihre Erfahrungen und Leistungen des vergangenen Halbjahres. Sie können diese auch mit bereits vereinbarten Zielen vergleichen.

1.1. Unterricht

- Woran haben Sie besonders gearbeitet?
- Was ist gelungen?
- Was ist misslungen?

1.2. Seminar

Wie haben Sie die Zusammenarbeit erlebt und gestaltet?

- Wichtige Aktivitäten? (Wo haben Sie sich eingesetzt? Schwerpunkte?)
- .... auf der Ebene der Arbeitsgruppen oder im Plenum?
- .... mit dem Seminarleiter (Leitungsfeedback)?

2. Analyse und Standortbestimmung

In diesem Teil des Feedbacks erörtern Sie die persönliche Arbeitssituation. Sie können Ihre Stärken, besonderen (Auf-)Gaben und positive Erfahrungen und Empfindungen, aber auch Ihre Schwächen besprechen.

2.1. Selbstwahrnehmung

2.1.1. Wie geht es mir?

2.1.2. Stärken: Was kann ich gut, welche Kompetenzen habe ich?

2.1.3. Schwächen: Wo habe ich Schwierigkeiten? Welche Kompetenzen muss ich noch verbessern?

2.1.4. Fremdwahrnehmung: Wie erleben mich andere (z. B. Schülerinnen und Schüler / Schulleiter(in))?

2.2. Schulische Situation, inkl. Unterricht / Situation im Seminar

2.2.1. Arbeitsbedingungen (Schule / Seminar) (Was fördert? Was hindert?), Klima (Konflikte, Belastungen).
2.2.2. Eigene Interessen (Verwirklichung geplant, realisiert? Schwierigkeiten?)
2.2.3. Aufgaben und deren Entwicklung (Unterricht, Schule, Seminar)

3. Perspektiven und Zielvereinbarungen

Im letzten Teil des Feedbackbogens werden Perspektiven und Handlungsmöglichkeiten für die nähere Zukunft erörtert, Zielvereinbarungen getroffen und ggf. mit vorhandenen Leitbildern abgestimmt. Ziele sollten möglichst konkret formuliert werden, nämlich in Bezug auf Inhalt, Zeit, Ausmaß und Überprüfbarkeit.

3.1. Was möchten Sie bis wann erreichen?

3.1.1. Perspektiven und Entwicklungschancen benennen.
3.1.2. Konkrete Ziele und Vorhaben formulieren im Blick auf

- Unterricht, in der Schule, im Seminar
- persönlichen Entwicklung

3.2. Welche Unterstützung brauchen Sie zum Erreichen der Ziele?

3.2.1. Ideen
3.2.2. Weitere Unterstützungen (Beratung, Schulung usw.).
3.2.3. Mögliche Veränderung von Arbeitsbedingungen

4. Beratung / Gespräch

Wünschen Sie auf dem Hintergrund Ihrer Überlegungen ein Beratungsgespräch? (Unzutreffendes bitte löschen / streichen!)

- Ja, ich wünsche ein Gespräch.
- Nein, ich wünsche zurzeit kein Gespräch.

Wenn ja:

Melden Sie sich bitte möglichst bald zur Terminabsprache!

Worüber möchten Sie sprechen?

Meine Gesprächspunkte:

⇨ *Arbeitsanregungen*

Planungs- und Entwicklungsgespräch (PEG)

Das eigene Lehrerbild steuert nachhaltig das Handeln im Unterricht. Beschreiben Sie typische Lehrerverhaltensweisen (eigene, beobachtete, z. B. aus früherer Schulzeit, solche aus der gegenwärtigen Ausbildung), die a) für Sie als gut und die b) für Sie als ungeeignet gelten. Begründen Sie Ihre Einschätzung.
Beschreiben Sie bezüglich der folgenden Disposition eine Einschätzung der eigenen Person: Persönliche Kontakte (z. B. Offenheit, Kooperationsfähigkeit, Einfühlungsvermögen, Solidarität, Hilfsbereitschaft usw.)
Beschreiben Sie bezüglich der folgenden Disposition eine Einschätzung der eigenen Person: Verhaltensweisen (z. B. Anstiftung zur Mitarbeit, Aufbau von Interessen, Aufbau einer Arbeitshaltung, Verbindlichkeit im Sagen und Tun, Führungsbereitschaft, Bereitschaft zur Initiative, Beharrungsvermögen / Geduld, Gewissenhaftigkeit, Echtheit, Freundlichkeit usw.)

<table>
<tr><td colspan="2">Beschreiben Sie bezüglich der folgenden Disposition eine Einschätzung der eigenen Person: Sachbezug (z. B. Vorlieben / Interessen, Engagement, Begeisterungsfähigkeit, Handlungsorientierung usw.)</td></tr>
<tr><td colspan="2">Versuchen Sie zunächst für eine Phase einer Ihrer Unterrichtsstunden, die Unterrichtssituation und Ihr Verhalten in dieser Situation nach der Unterrichtsstunde möglichst genau schriftlich darzustellen. Welche persönlichen Merkmale können Sie an Hand des Protokolls feststellen?</td></tr>
<tr><td>Wie beurteilen Sie nachträglich diese Merkmale für die gegebene Unterrichtssituation (s. o.)?</td><td></td></tr>
</table>

2.

Kooperatives Lernen

„Es ist Menschen egal,
wie viel wir wissen, bis sie wissen,
dass sie uns nicht egal sind.“
(Norm und Kathy Green)

2.1. Fragebogen zum kooperativen Lernen

Mit dem folgenden Fragebogen können Sie eine Selbsteinschätzung darüber vornehmen, welche Kenntnisse über kooperatives Lernen Sie haben und wie Sie diese bisher in die Praxis umsetzen. In der rechten Spalte des Antwortrasters können Sie Aspekte / Gedanken / Assoziationen notieren, die Ihnen zu dem jeweiligen Item einfallen.

Und hier die Testaussagen:

1. In meinem Unterricht sitzen die Schüler während der Gruppenphasen nah beieinander und können sich direkt anschauen.

Ja	Nein	Teilweise	Das fällt mir dazu ein ....

2. Ich habe in meinem Unterricht Gruppentische eingeführt.

Ja	Nein	Teilweise	Das fällt mir dazu ein ....

3. Meine Schüler gehen nach dem Beginn einer Gruppenphase selbstständig und ohne Lärm in ihre Arbeitsgruppen.

Ja	Nein	Teilweise	Das fällt mir dazu ein ....

4. Meine Schüler kennen die Technik des aktiven Zuhörens.

Ja	Nein	Teilweise	Das fällt mir dazu ein ....

5. Meine Schüler wenden die Technik des aktiven Zuhörens in Gruppen- und Plenumsphasen an.

Ja	Nein	Teilweise	Das fällt mir dazu ein ....

6. Während der Gruppenarbeit hören meine Schüler einander zu und gehen sachlich aufeinander ein.

Ja	Nein	Teilweise	Das fällt mir dazu ein ....

7. Ich sorge im Unterricht für Transparenz.

Ja	Nein	Teilweise	Das fällt mir dazu ein ....

8. Ich thematisiere mit meinen Schülern die Arbeitsweisen in den Gruppen.

Ja	Nein	Teilweise	Das fällt mir dazu ein ....

9. In meinem Unterricht übernehmen Schüler auch Aufgaben des Lehrers.

Ja	Nein	Teilweise	Das fällt mir dazu ein ....

10. Meine Schüler kennen Strategien, konstruktiv mit Konflikten umzugehen.

Ja	Nein	Teilweise	Das fällt mir dazu ein ....

11. Ich leite die Lerngruppen an, Konflikte selbstständig zu lösen.

Ja	Nein	Teilweise	Das fällt mir dazu ein ....

12. Gruppenarbeit ist nur dann sinnvoll, wenn jedes Gruppenmitglied sich jederzeit für die gemeinsame Arbeit verantwortlich fühlt.

Ja	Nein	Teilweise	Das fällt mir dazu ein ....

13. Ich habe ein großes Repertoire an schüler- und gruppenorientierten Arbeitsformen und wende diese auch an.

Ja	Nein	Teilweise	Das fällt mir dazu ein ....

14. Durch ein geeignetes Vorgehen habe ich dafür gesorgt, dass jedes Mitglied der Arbeitsgruppen eine besondere Aufgabe erfüllt und so Verantwortung für die Gruppe übernimmt.

Ja	Nein	Teilweise	Das fällt mir dazu ein ....

15. Meine Schüler arbeiten in Gruppenphasen zielgerichtet und lassen sich von äußeren Einflüssen nicht ablenken.

Ja	Nein	Teilweise	Das fällt mir dazu ein ....

16. Kooperatives Lernen ist eine mögliche Arbeitsform neben anderen.

Ja	Nein	Teilweise	Das fällt mir dazu ein ....

17. Ich kann konkrete Ziele benennen, die ich mit kooperativem Lernen erreichen möchte.

Ja	Nein	Teilweise	Das fällt mir dazu ein ....

18. Ich teile die Arbeitsgruppen durch ein Zufallsprinzip ein.

Ja	Nein	Teilweise	Das fällt mir dazu ein ....

19. Ich bestimme durch ein Zufallsprinzip, welches Gruppenmitglied die Arbeitsergebnisse vorstellen muss.

Ja	Nein	Teilweise	Das fällt mir dazu ein ....

20. Ich fühle mich sicher in der Leistungsbeurteilung kooperativer Arbeitsphasen.

Ja	Nein	Teilweise	Das fällt mir dazu ein ....

21. Ich fühle mich in vielen Unterrichtsstunden selbst als Lernender.

Ja	Nein	Teilweise	Das fällt mir dazu ein ....

22. Ich evaluiere auf verschiedene Weise die Effektivität der kooperativen Arbeitsphasen und nutze die Ergebnisse der Evaluation zur Verbesserung meiner Vorgehensweise.

Ja	Nein	Teilweise	Das fällt mir dazu ein ....

23. Ich kalkuliere die Arbeitszeit für die Gruppenphase möglichst knapp.

Ja	Nein	Teilweise	Das fällt mir dazu ein ....

24. Nach Ablauf der vorgegebenen Arbeitszeit beende ich die Gruppenphase auch dann, wenn nicht alle Gruppen bis dahin ihr Ergebnis fertig stellen konnten.

Ja	Nein	Teilweise	Das fällt mir dazu ein ....

25. Für mich endet Gruppenarbeit nicht mit dem Ende der Gruppenphase.

Ja	Nein	Teilweise	Das fällt mir dazu ein ....

Auswertungsbogen

Tragen Sie jetzt Ihre Antworten in den Auswertungsbogen ein. Je häufiger Sie mit „Ja" geantwortet haben, desto mehr wissen Sie über kooperatives Lernen und desto häufiger wenden Sie es erfolgreich an. Gehen Sie daher den Items noch einmal nach, die Sie mit „Nein" oder „Teilweise" beantwortet haben. Diskutieren Sie Ihre Ergebnisse in einer Gruppe mit Kolleginnen und Kollegen.

Nr.	Ja	Nein	Teilweise
1			
2			
3			
4			
5			
6			
7			
8			
9			
10			
11			
12			
13			
14			
15			
16			
17			
18			
19			
20			
21			
22			
23			
24			
25			

2.2. Grundlagen des kooperativen Lernens

Der Begriff ***Kooperatives Lernen*** wird nicht einheitlich verwendet. Man findet alternativ dafür etwa auch die Ausdrücke *Gruppenunterricht* oder *Arbeit in Gruppen*. Grundsätzlich geht es bei dem Konzept um **effektive (Klein)Gruppenarbeit**. Dafür müssen die Lernenden die Bedeutung der Zusammenarbeit in den Kleingruppen erfahren und verstehen. Lernpsychologisch baut kooperatives Lernen auf diese Tatsache: Die Erarbeitung von Wissen und die Anwendung gelernten Wissens in Form des interaktiven Vermittelns der gewonnenen Erkenntnisse erhöht für die Beteiligten die Wahrscheinlichkeit, das Gelernte zu behalten. Während von einem Lehrervortrag meistens nur 5% der Informationen langfristig behalten werden, wird von und bei eigenem Unterrichten der Lerngruppe fast alles behalten. Sharan / Shachan (1988) konnten empirisch zeigen: Schüler sowohl hoher als auch niedriger sozialer Herkunft profitieren nachhaltig von den Auswirkungen des kooperativen Arbeitsstils. Gerade bei Schülern aus unteren Schichten **steigt der Lernerfolg** durch kooperative Arbeitsformen besonders, und zwar bis zu einem Faktor von 2,5.

Die interaktive Struktur kooperativer Lernphasen führt zu einem gemeinsamen forschend-entdeckenden Lernen der Schüler. Der durch den Unterrichtsprozess initiierte **kognitive Konflikt** bleibt hier nicht beim Einzelnen, sondern wird durch die Teamsituation multiperspektivisch erlebt und aufgearbeitet. Die Schülergruppe kennt (zumindest theoretisch) keine Hierarchien; so ist im Grundsatz eine **symmetrische Kommunikation** möglich: Jedes Teammitglied darf alles sagen, was ihm zur Sache und im Blick auf den Arbeitsprozess wichtig ist. Entscheidend für die Bewertung der tatsächlichen Bedeutung einer Meinung, Behauptung oder Vermutung wird so das rationale Argument von gleichberechtigten Gesprächspartnern. In diesem Sinne repräsentiert kooperatives Lernen eine Lern-, Arbeits- und Kommunikationskultur, die dem Grunde nach **teamorientiert und demokratisch** ist und zugleich das Demokratieverständnis der Heranwachsenden praktisch fordert und fördert (sozial-kommunikative Kompetenz). Wesentlich für die kooperative Lernform ist also die gleichberechtigte Partizipation aller Gruppenmitglieder am Gruppenprozess. Diese Partizipation ermöglicht und fordert der Lehrende ein durch geeignete Settings und Aufgabenstellungen (vgl. a. Friedrich Jahresheft 2008; Klippert 2009). Zugleich entlastet die hohe Partizipation der Schüler den Lehrer von seinen Aufgaben (s. Schmalenbach 2009a).

⇨ ***Bevor Sie weiterlesen:***

- Überlegen Sie Vor- und Nachteile einer gleichberechtigten Partizipation von Schülern an einem Gruppenprozess.
- Wie gehen Sie mit den möglichen Nachteilen um.

Historisch bezieht sich das Konzept des kooperativen Lernens u. a. auf:

- John Dewey (2000), der die Bedeutung eines demokratischen Erziehungsverständnisses für die Entwicklung einer demokratischen Gesellschaft untersuchte.
- Kurt Lewin (1939), der durch seine Untersuchungen von Führungsstilen der Debatte um die Leiterrolle in Gruppen interessante Impulse verlieh.
- Morton Deutsch (2000), der sich mit Möglichkeiten der Konfliktlösungen in Arbeitsgruppen beschäftigte.
- Ruth Cohn (2004), deren Konzept der Themenzentrierten Interaktion (TZI) auch die psychologischen Prozesse in Gruppen berücksichtigte.

In einem weiteren Schritt wurden diese Konzepte **auf den Schulbereich übertragen**; hierfür stehen Namen wie R. und A. Tausch (1998), G. Stanford (2002) und H. Meyer (2005). Norm und Kathy Green (2007) schließlich wandten das kooperative Lernen zunächst in Kanada erfolgreich an und vermitteln es seit 1996 auch in Europa. Auch in Deutschland haben sich ganze Schulen den Gedanken des kooperativen Lernens verschrieben.

⇨ ***Bevor Sie weiterlesen:***

- Informieren Sie sich über die Führungsstil-Debatte (Lewin / Lippit / White 1939).
- Beschreiben Sie die Funktion der Leiterrolle im Rahmen einer (nach Lewin et al.) demokratisch geführten Gruppe.
- Beurteilen Sie die Möglichkeiten einer solchen demokratischen Leiterrolle in der Institution Schule, wie Sie sie erleben.

Kooperatives Lernen stützt sich auf **fünf Grundelemente**, die bei der Anwendung durch den Lehrer maßgeblich sind (s. a. Konrad / Traub 2008; Brüning / Saum 2009a u. 2009b).

2.2.1. Positive Abhängigkeit (Positive interdependence)

⇨ *Worum geht es?*

Gruppenarbeit wird vom Lehrer inhaltlich so strukturiert, **dass die Gruppenmitglieder ihre eigenen individuellen Lernergebnisse in die Gruppe einbringen *müssen***. Erst dadurch kann das Gruppenergebnis zustande kommen (Green 2009). Green / Green (2007, 77) nennen neun **Formen der positiven Abhängigkeit**:

- Ziel: Es gibt eine gemeinsame Arbeitsrichtung.
- Belohnung: Jeder erhält dieselbe positive Bewertung, wenn alle gut sind.
- Äußerer Einfluss: Jede Gruppe konkurriert mit einer anderen.
- Reihenfolge: Komplexe Aufgaben werden in Teilaufgaben zerlegt.
- Umgebung: Gruppentische führen zu räumlicher Abhängigkeit.
- Rolle: Jedes Gruppenmitglied ist für das Erreichen des Ziels nötig.
- Identität: Eine Gruppe schafft sich eine spezifische Identität.
- Simulation: Eine Gruppe spielt und bearbeitet eine fiktive Situation.
- Ressourcen: Jede Gruppe erhält die gleichen Materialien.

⇨ *So funktioniert es:*

Eine klassische Methode des kooperativen Arbeitens und Lernens heißt **Think-Pair-Share (TPS)**. Hierbei werden Einzel-, Partner- und Gruppenarbeit so hintereinandergeschaltet und vernetzt, dass dadurch die angestrebte positive Abhängigkeit der Gruppenmitglieder entsteht. Positiv abhängig werden die Gruppenmitglieder bei diesem Verfahren mindestens im Blick auf

- das gemeinsame Ziel: Die Konstruktion der Arbeitsaufgabe erfordert die Beteiligung jedes Gruppenmitglieds, wenn das Ziel erreicht werden soll.
- eine mögliche Belohnung (Note): Der Lehrer bewertet dann jedes Gruppenmitglied gleich positiv, wenn alle übrigen Gruppenmitglieder erfolgreich sind.
- den äußeren Einfluss: Jede Gruppe konkurriert mit jeder anderen.
- die Rolle: Die Aufgabe jedes Gruppenmitglieds ist auf die der anderen Gruppenmitglieder komplementär bezogen.

Auf jeder Erarbeitungsstufe findet beim TPS-Muster eine Reduktion und zugleich eine Neustrukturierung der Ergebnisse statt; so können auch höhere Lernebenen (z. B. die Anforderungsbereiche 2 und 3 der Richtlinien für die gymnasiale Oberstufe) erreicht werden. Die Prinzipien **Reduktion** und **Neustrukturierung** werden am folgenden Beispiel deutlich.

⇨ ***Beispiel: Verfahren zum Entwickeln von Gesprächsregeln***

- Jeder arbeitet zunächst fünf Minuten allein.
- Notiert in der Zeit fünf Gesprächsregeln, die in Zukunft in der Klasse / im Kurs gelten sollen.

Meine 5 Regeln
1.
2.
3.
4.
5.

- Jetzt setze dich mit deinem Tischnachbarn zusammen.
- Tauscht eure Regeln aus. Begründet dabei, weshalb ihr gerade diese Regeln aufstellen wollt.
- Einige dich mit deinem Tischnachbarn auf sieben gemeinsame Regeln; schreibt diese auf.
- Ihr habt für das Erledigen der Aufgabe 15 Minuten Zeit.

Unsere 7 Regeln
1.
2.
3.
4.
5.
6.
7.

- Bildet jetzt mit je zwei Paaren Gruppen zu vier Personen.
- Tauscht eure Regeln nochmals aus und begründet sie.
- Einigt euch dann in der Gruppe auf zehn gemeinsame Regeln.
- Ihr habt dafür wieder 15 Minuten Zeit.

Die 10 Gruppen-Regeln
1.
2.
3.
4.
5.
6.
7.
8.
9.
10.

- Geht ins Plenum.
- Jede Gruppe stellt ihre Regeln vor.
- Jede(r) notiert während der Vorträge die Regeln, die die eigene Gruppe nicht gefunden hat.
- Diskutiert und einigt euch in der Klasse / im Kurs auf 12 Regeln.
- Überlegt, wie ihr in Zukunft sicherstellen wollt, dass die Regeln auch eingehalten werden. Was wollt ihr tun, wenn jemand sich nicht an die Regeln hält?

Profitipp:

Führen Sie Regeln zunächst nur als vorübergehend gültig ein (ca. 4 Wochen). Diskutieren Sie dann mit den Schülern, welche Regeln beibehalten, welche verworfen und welche neu hinzukommen sollten.

⇨ ***Bevor Sie weiterlesen:***

- Worin genau zeigt sich in unserem Beispiel die positive Abhängigkeit der Gruppenmitglieder untereinander?
- Was genau lernen die Schüler während des Arbeitsprozesses? Nennen und beschreiben Sie die entsprechenden Kompetenzen. Gehen Sie dabei auch auf die Aspekte „Reduktion“ und „Neustrukturierung“ ein.

2.2.2. Direkte Interaktion (Face-to-face-interaction)

⇨ *Worum geht es?*

Gruppenarbeit wird vom Lehrer formal so organisiert, **dass die Gruppenmitglieder sich während der Arbeitsphase ansehen können**. Die Schüler sitzen nah zusammen. So wird ein weitgehend reibungsloses Kommunizieren ermöglicht. Die Kommunikation ist direkt; Arbeitsmittel können geteilt werden, Kritik und Lob erreichen das Gegenüber schneller.

⇨ *So funktioniert es:*

Der Lehrer arrangiert die Arbeitstische so, dass eine Face-to-face-Kommunikation der Gruppenmitglieder möglich wird. **Am besten verbindet man das Raum-Arrangement mit einer Arbeitsanweisung, die eine Face-to-face-Kommunikation bzw. ein nahes Beieinandersitzen erfordert.** Nutzen Sie dazu z. B. die Placemat-Methode.

⇨ ***Beispiel: Verfahren zur Einführung der Placemat-Methode***

- Bildet Gruppen aus je vier Personen. Stellt dazu jeweils zwei Tische so zusammen, dass jeder jeden ansehen kann.
- Jede Gruppe erhält von mir ein DIN-A1-Blatt, das in fünf Bereiche geteilt ist (s. u.). Legt das Blatt so auf eure beiden Tische, das jeder von euch eine Ecke des Blattes als seine eigene nutzen kann.

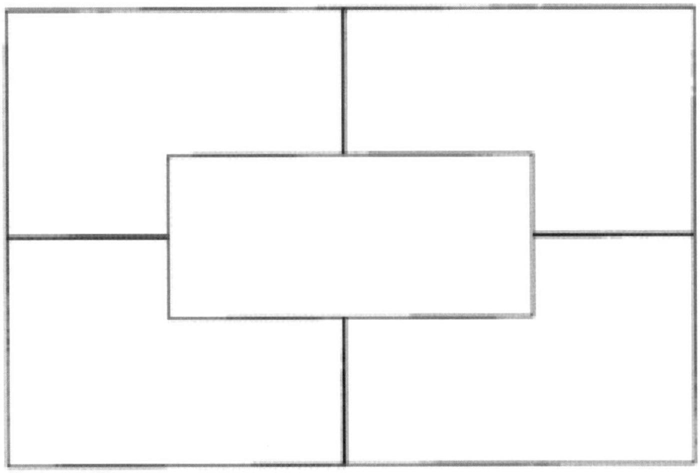

- Unser Thema ist „X“. Wir wollen herausfinden, was ihr von X wisst und was ihr an X wichtig findet.
- Jeder von euch hat jetzt fünf Minuten Zeit, um in seinem Teil des A1-Blattes alles aufzuschreiben, was er von X weiß und an X wichtig findet.
- Achtung! Notiert eure Ergebnisse in Stichwörtern! Jeder Gedanke sollte durch nur ein Substantiv ausgedrückt werden.
- *Nach fünf Minuten:* Informiert jetzt die anderen Gruppenmitglieder über eure Ergebnisse. Nutzt dazu eure Stichwörter und haltet einander kurze Vorträge. Während einer spricht, hören die anderen zu und machen sich Notizen.

Profitipp:

Die Abstraktion der Ideen auf nur ein Substantiv erfordert eine sehr hohe Denkleistung. Alternativ kann man auch so verfahren: Die Schüler mach sich Notizen in beliebiger Länge. Anschließend wird das A1-Blatt mehrfach um 90 ° gedreht. Jeder liest die Notizen jedes anderen Gruppenmitglieds.

- Einigt euch jetzt auf die sechs (acht, zehn) Substantive, die ihr für die wichtigsten haltet. Beim späteren Vortrag müsst ihr eure Auswahl auch begründen. Schreibt die Begriffe geordnet (!) in die Mitte des Blattes.

  In lernstarken Gruppen zusätzlich: *Die Ordnung der Begriffe muss nicht immer linear sein (Notizen für einen Vortrag); sie kann auch hierarchisch oder systematisch sein (Mindmap©, Flussdiagramm, Pfeile, Kreise etc.).*
- Präsentiert eure Ergebnisse.

⇨ ***Bevor Sie weiterlesen:***

- Inwiefern wird bei der Placemat-Methode auch das Prinzip positiver Abhängigkeit genutzt?
- Was genau lernen die Schüler, wenn sie sich bei der Arbeit auf Begriffe einigen müssen?
- Für welche Situationen im Unterricht halten Sie die Begriffe-Methode für geeignet?
- Welche anderen Methoden kennen Sie, die denselben Zweck haben wie die Begriffe-Methode?

- Welche Probleme können bei Einigungsprozessen während des kooperativen Lernens auftreten?
- Wie gehen Sie mit diesen Problemen methodisch um?

⇨ ***Beispiel: Verfahren bei einer kooperativen Texterarbeitung***

Profitipp:

Vor allem in lernstarken Gruppen kann und sollte man die Grundstruktur der Placemat-Methode komplexer gestalten. Gehen Sie in dem Fall bei der Behandlung zum Beispiel eines Textes so vor:

- Teilen Sie den Text in vier (oder mehr) Teile, die jeweils für sich verständlich sind. Hier ein Beispiel, das Sie auch im Ausbildungsseminar oder in einer Fortbildungsveranstaltung anwenden können: Die folgenden Texte beschäftigen sich mit Aspekten von Projektarbeit. Hinweis: Im Anschluss an den Text bekommen Sie weitere Handlungsanweisungen.

Teil 1

Projektunterricht stellt eine praktische Alternative zu herkömmlichem Unterricht dar. Er ist somit Unterricht und überwindet aber zugleich herkömmliche Muster der Unterrichtsgestaltung. Projektunterricht ist eine Art systematisch geplanter Veränderung von bestehenden Unterrichtsmustern. Diese Veränderung vollzieht sich besonders offensichtlich in der Realisation der äußeren Rahmenbedingungen: Projektunterricht durchbricht die traditionellen Unterrichtsraster, indem er über die auf einen 45-Minuten-Takt eingefrorene Zeitorganisation des Schulbetriebs hinausgreift und zugleich das Unterrichtsgeschehen vielfach an andere Orte als den Unterrichtsraum oder das Schulgebäude verlagert.

Vor allem das Aufbrechen von Zeit- und Raumstrukturen ist eine Voraussetzung für Projektarbeit. Erst wenn Lehrerinnen und Lehrern, Schülerinnen und Schülern ermöglicht wird, sich bei Planung und Durchführung der Projektidee Zeit zu lassen, können Lernprozesse fruchtbar gestaltet werden. Die für Lernprozesse so wichtige intrinsische Motivation steht eben nicht auf Abruf bereit und endet – einmal etabliert – auch nicht mit dem eine Unterrichtsstunde beendenden Klingelzeichen.

Teil 2

Arbeiten an und in Projekten heißt, sich Lernprozessen wirklich hinzugeben, einzutauchen in einen relevanten Erlebniszusammenhang, der einen im besten Sinne des Wortes mit- und gefangen nimmt und auf diesem Wege die eigene Lebenswirklichkeit nachhaltig beeindruckt und verändert. Nur so wird aus Lernen eine erweiterte Handlungskompetenz erwachsen. Doch das alles braucht seine Zeit. Projektarbeit bedeutet, die eigene Lebenswirklichkeit in den Lernprozess zu integrieren, Räume und Erfahrungswirklichkeiten neu zu erschließen. „Umweltbezug" und „Lebensweltorientierung" sind typische Merkmale von Projektaktivitäten, machen Schule zum „Erfahrungsraum" oder führen Lehrende und Lernende mitunter sogar aus dem Schulgebäude heraus. Viele Projektideen sind daher mit Umweltfragen im engeren Sinne assoziiert. In diesem inhaltlichen Kontext lässt sich die natürliche, ökologische Umwelt am ehesten begreifen und verstehen. Denn „die Umwelt kann nicht erlebt werden, wenn sie nur durch Abbilder und Zeichen vorgestellt wird [...]." (HENTIG). Das alles braucht eine Schule, die sich öffnet, und ein kreatives Lernen, das nicht am Schultor endet.

Teil 3

Die Diskussion um Projektarbeit greift die bereits Ende der 70er und Anfang der 80er Jahre des letzten Jahrhunderts geführte Debatte um mehr Schülerorientierung in einem weiterführenden Sinne auf. „Schüler werden im traditionellen Unterricht (mehr oder weniger bewusst) als – gehorsame Vollstrecker von Lernanordnungen der Lehrer angesehen und behandelt." So analysieren BOETTCHER u. a. vor gut zwei Jahrzehnten die damals vielfach zu beobachtende Frontallernsituation in den Schulen, die wir – zumal in der gymnasialen Oberstufe – auch heute noch vielfach antreffen oder bedingt durch das Zentralabitur vielleicht wieder antreffen werden. Diese eher pessimistische Feststellung gilt, obgleich die Richtlinien für die Unterrichtsfächer eine zunehmende

Beteiligung der Schülerinnen und Schüler an der Entscheidung über Unterrichtsvorhaben und an der Bestimmung von Unterrichtszielen vorsehen. Die Schüler sollen an der Planung und Auswertung von Unterricht beteiligt werden; doch dies geschieht in der Praxis eher selten. Im Blick auf eine größere Schülerzentrierung fordert A. WAGNER daher schon vor mehr als 25 Jahren mit Recht, dass die Schüler einige der Funktionen übernehmen sollen, die traditionell der Lehrer innehat: Ein Postulat, das seine Gültigkeit bis heute behalten hat.

Gerade die Projektarbeit bietet sich an, die Emanzipation von Schülerinnen und Schülern in den bislang stark lehrerdominanten Bereichen voranzubringen. So stellt es ein wesentliches Merkmal projektorientierten Arbeitens dar, die „Selbstorganisation und Selbstverantwortung“ der Jugendlichen insbesondere hinsichtlich der Planung des gemeinsamen Lernprozesses zu fördern. Nicht der Lehrer gibt die Planung vor, das Ziel ist vielmehr eine offene Planung, die von allen am Lerngeschehen Beteiligten Flexibilität, Kreativität und Phantasie einfordert. Eine Planung also, bei der thematische Schwerpunkte, Lernziele und methodisches Vorgehen im Vollzug kommunikativer Interaktion zwischen Lehrern und Schülern, entwickelt, ausgehandelt und verbindlich für alle vereinbart werden.

Teil 4

Lerngegenstände sind nicht nur Inhalte *eines* Unterrichtsfaches, sondern berühren meist zahlreiche Schulfächer. Die Behandlung eines Themas wie „Gentechnik“ zum Beispiel gehört so gesehen nicht nur in den Biologieunterricht, sondern sollte unter historisch-gesellschaftlichen, ethischen und religiösen Gesichtspunkten möglichst zeitgleich ebenso im Religions- und Philosophieunterricht wie in Geschichte, Politik und Sozialwissenschaften zur Sprache gebracht werden. Erst eine solche fächerübergreifende Perspektive ermöglicht Lehrenden wie Lernenden eine ganzheitlich-systemische Sicht auf die Wirklichkeit, eine Perspektive, die angesichts der vielfältigen, zum Teil existenzbedrohenden Herausforderungen unserer Zeit wichtiger denn je geworden ist.

Projekte bieten eine ausgezeichnete Möglichkeit, diesen ganzheitlich-ökologischen, fächerübergreifenden Ansatz zu erproben, die Wirklichkeit damit für die Lernenden adäquater abzubilden und so stärker ein langfristiges Behalten des Gelernten zu etablieren.

- Rechnen Sie aus, wie viele Arbeitsgruppen in Ihrer Klasse dann entstehen, wenn Sie Viererteams bilden.
- Kopieren Sie jeden der vier Textteile entsprechend der Zahl der Teams, die entstehen.
- Ordnen Sie nun jeweils einen Satz von vier Kopien einer der späteren Gruppen zu. Notieren Sie mit Bleistift auf der Rückseite der Kopien einen Gruppennamen oder -buchstaben (z. B. A, B, C ...) und die Nummer des Textteils (1, 2, 3, 4).
- Mischen Sie die Kopien.
- Verteilen Sie die Texte an die Schüler.

  Profitipp

  Während des Austeilens der Blätter sollten bereits ausgeteilte Texte verdeckt auf dem Tisch liegen bleiben. So können Sie Unruhe vermeiden und erreichen, dass alle Schüler zur selben Zeit mit der Lektüre beginnen. Hinweis: Eventuell müssen Sie die auf der Blattrückseite erkennbaren Informationen (Gruppenname / Nummer des Textteils) vorher abkleben.
- Lassen Sie die Schüler ihr Textstück in Einzelarbeit lesen.

  Aufgabe 1: Lest den Text und markiert das Wichtige. Schreibt euch anschließend mindestens drei und höchstens fünf Stichwörter = Substantive auf, mit denen ihr den Textinhalt wiedergeben könnt. Ihr habt dafür x Minuten Zeit.
- Lassen Sie anschließend Vierergruppen bilden.

  Anweisung: Schaut auf die Rückseite eurer Blätter; dort findet ihr u. a. einen Buchstaben A, B, C oder ..... Diese Buchstaben zeigen euch, zu welcher Gruppe ihr gleich gehört. Zu den Zahlen sage ich euch später etwas. Die Gruppe A trifft sich in der linken Ecke des Raums, Gruppe B ....., Gruppe C .....
- Geben Sie den Schülern den Arbeitsauftrag für die Gruppenarbeit; eine Visualisierung der Aufgabe ist sinnvoll und kann z. B. über eine OHP-Folie erfolgen.

  Aufgabe 2, 1. Teil:

  - Jeder von euch kennt einen Teil der Information. Insgesamt gibt es vier Teile. Schaut auf die Rückseite eurer Blätter. Die Zahl gibt an, an welcher Stelle der Gesamtinformation eure Teilinformation steht. Geht nun so vor:

- Informiert euch nacheinander und in der richtigen Reihenfolge über das, was ihr gelesen habt. Benutzt dabei nur eure Stichwörter. Haltet also kleine Vorträge.
- Während einer redet, hören die anderen Gruppenmitglieder zu und machen sich Notizen zu dem jeweiligen Vortrag.
- Danach können Fragen gestellt werden.
- Dafür habt ihr x Minuten Zeit.

Aufgabe 2, 2. Teil:

- Am Ende der Gruppenarbeit soll einer aus der Gruppe in der Klasse den gesamten Text vorstellen.
- Für die Präsentation einigt ihr euch auf insgesamt acht Stichwörter (= Substantive).
- Diese Stichwörter = Substantive müsst ihr aber in eine Ordnung bringen und zeigen, wie sie voneinander abhängen. Bei der Präsentation sollt ihr diese Abhängigkeiten auch sprachlich darstellen.
- Zur Veranschaulichung der Abhängigkeiten stehen euch gerade oder gekrümmte Linien, Pfeile und Zeichen zur Verfügung.
- Ihr habt für das Erledigen der Aufgabe x Minuten Zeit.

♦ Die Auswahl der Präsentatoren erfolgt anschließend nach dem Zufallsprinzip. Mögliche **„Zufallsgeneratoren“:**

✓ Wer hat in der Gruppe als erster im Kalenderjahr Geburtstag?
✓ Wer in der Gruppe ist der körperliche Größte?
✓ Wer in der Gruppe wohnt in dem Haus mit der höchsten Straßennummer?
✓ Bei wem in der Gruppe ist die Summe aus seinem Geburtstag, seinem Geburtsmonat und seinem Geburtsjahr am größten (z. B. 10.12.1995 = 10+12+1995)?
✓ Wer in der Gruppe hat von heute angerechnet als Letzter Geburtstag gehabt?

⇨ ***Bevor Sie weiterlesen:***

- Beschreiben Sie die strukturelle Veränderung dieses Vorgehens im Vergleich zur klassischen Form des Placemats. Nennen Sie die drei Merkmale, die Ihnen besonders wichtig sind.
- Was genau wird Ihrer Meinung nach durch die Veränderung erreicht?

- Was genau lernen die Schüler bei dem gesamten Vorgehen? Machen Sie eine Liste der Kompetenzen, die berührt werden.

- In welchen anderen Lernzusammenhängen können die hier erworbenen Fähigkeiten genutzt werden.

2.2.3. Persönliche Verantwortung (Accountability)

⇨ *Worum geht es?*

In traditionellen Arbeitsgruppen übernehmen häufig einzelne Gruppenmitglieder ungefragt, aber dennoch stillschweigend von den anderen akzeptiert die Verantwortung für den Arbeitsprozess der Gruppe und für die Präsentation der Ergebnisse. Kooperatives Lernen hingegen sorgt dafür, **dass jedes Gruppenmitglied sowohl für sich**

selbst als auch für die Arbeit der Gruppe verantwortlich ist. Dieses Prinzip gilt während des Arbeitsprozesses ebenso wie für die Vorstellung des Gruppenergebnisses im Plenum oder in einer anderen Teilgruppe.

⇨ *So funktioniert es:*

Mindestens **drei Möglichkeiten** stehen dem Lehrer zur Verfügung, um **die persönliche Verantwortung der einzelnen Gruppenmitglieder zu fördern**. Diese Möglichkeiten können allein und gleichzeitig angewendet werden.

1. Der Lehrer konstruiert die Aufgabenstellung für die Gruppenphase in jedem Fall so, dass eine positive Abhängigkeit der beteiligten Schüler entsteht (s. oben).
2. Der Lehrer bestimmt am Ende der kooperativen Arbeitsphase durch Zufall, welches Gruppenmitglied das Ergebnis der Arbeit dem Plenum oder einer anderen Gruppe vorstellt (⇨ Zufallsprinzip – Arbeitsanweisung).
3. Der Lehrer ordnet parallel zur inhaltlichen Aufgabenstellung einzelnen Schülern gruppenspezifische Funktionen zu, z. B. Gruppenleiter, Zeitwächter, Protokollant.

⇨ ***Beispiel: Einführung des Verfahrens „Zufallsprinzip"***

- *Zu Beginn der Arbeitsphase:* Denkt bitte daran: Jeder von euch kann am Ende durch Zufall an der Reihe sein, die Ergebnisse eurer Arbeit vorzustellen. Welches Zufallsprinzip wir heute nutzen, sage ich euch am Ende der Arbeitszeit.
- *Am Ende der Arbeitsphase:* Und das ist unser heutiges Zufallsprinzip: Sucht bitte das Gruppenmitglied, das von jetzt ab gerechnet als nächstes Geburtstag hat.

Profitipps

- Überlegen Sie sich verschiedene „Zufallsideen" und variieren Sie diese.
- Stellen Sie in jedem Fall sicher: Das gewählte Zufallsprinzip muss wirklich ein Zufallsprinzip sein. Die Schüler dürfen nicht den Eindruck gewinnen, dass Sie als Lehrer durch das vermeintliche Zufallsprinzip eine heimliche Strategie verdecken.
- Geben Sie das jeweilige Zufallsprinzip erst unmittelbar vor dem Zeitpunkt bekannt, zu dem wirken soll, also z. B. zu Beginn einer Präsentationsphase, nicht schon vor oder während der vorgängigen Erarbeitungsphase.

Meine Zufallsprinzipien

⇨ ***Bevor Sie weiterlesen:***

- Welchen Sinn kann es haben, den Mitgliedern einer Arbeitsgruppe spezifische Funktionen zuzuweisen (z. B. Protokollant)?

- Versetzen Sie sich in die Lage eines Schülers: Worin liegt der psychologische Effekt, wenn der Lehrer die Präsentatoren der Arbeitsergebnisse durch Zufall bestimmen lässt?

2.2.4. Soziale Fähigkeiten (Social skills)

⇨ *Worum geht es?*

Kooperatives Arbeiten stellt auf dem Gebiet sozial(-kommunikativ)er Kompetenzen hohe Ansprüche an die Gruppenmitglieder. **Die Schüler sollen diese sozialen Fähigkeiten erwerben**:

- Zuhören
- Feedback geben
- Kritik äußern
- Unklarheiten oder Fragen formulieren
- Verhalten loben
- Meinungen wertschätzen
- Helfen
- Sich einfühlen
- Verständnis zeigen
- Ermutigen
- Nachfragen
- Konflikte lösen
- Sachprobleme klären

Keine Gruppe beherrscht diese Fähigkeiten von Anfang an. Aufgabe des Lehrers ist es, diese Fähigkeiten zu vermitteln und mit den Schülern einzuüben. **Das Beherrschen dieser Fähigkeiten verbessert nachhaltig die Kommunikation in der Gruppe.** Es entsteht Vertrauen und damit soziale Sicherheit. Dies wiederum motiviert den einzelnen Schüler, sich stärker am Geschehen zu beteiligen. Insgesamt erreicht man quantitativ und qualitativ höherwertigere Arbeitsergebnisse als in solchen Gruppen, deren soziale Kompetenzen nur wenig entwickelt sind.

⇨ *So funktioniert es:*

Das **Training sozial-kommunikativer Kompetenzen** gehört zum Alltag kooperativen Lernens. Einerseits kann das Training als selbstständiger Baustein jenseits des üblichen Unterrichts durchgeführt werden. Hier bieten sich Trainingstage an, die in jeder Klassenstufe zu bestimmten Zeiten eines Jahres stattfinden. Andererseits können und sollen soziale Fertigkeiten auch direkt im laufenden Unterricht gelernt und trainiert werden.

⇨ ***Beispiel: Einführung des Verfahrens „Kontrollierter Dialog“***

- Ihr sollt euch gleich zweimal jeweils fünf Minuten lang miteinander über ein Thema unterhalten. Bevor ich euch das erste Thema nenne, sage ich euch, wie diese Unterhaltung ablaufen soll.

  A macht eine Aussage.
  B wiederholt die Aussage sinngemäß.
  A bestätigt, dass B ihn richtig verstanden hat oder korrigiert B.
  B macht eine Aussage.
  A wiederholt die Aussage von B sinngemäß.
  B bestätigt, dass A ihn richtig verstanden hat oder korrigiert A.
  A macht eine Aussage. usw.

  Das erste Thema lautet: „..........“
- Wertet die Übung jetzt aus. Dazu bekommt ihr diese Fragen:
  - Wie hat mir die Übung gefallen?
  - Welche Schwierigkeiten hatte ich bei der Durchführung der Übung?
  - Was habe ich durch die Übung gelernt?
  - Woran möchte ich in Zukunft noch arbeiten?

⇨ ***Beispiel: Einüben des Verfahrens „Loben“***

- Das Losverfahren bestimmt Paare.
- Die Partner setzen sich für einen Tag nebeneinander und begleiten sich auch während der Pausen.
- Jeder Partner achtet auf alles, was der andere tut oder sagt, und notiert sich in einem kleinen Büchlein, was er davon positiv findet und warum.
- In der letzten Stunde des Tages (oder der Woche oder am Ende von Gruppenphasen) kommt die Klasse im Stuhlkreis zusammen.
- Jeder erhält nun das Lob des Tages (der Woche ...). Der Partner steht dazu auf und stellt sich hinter den zu lobenden Schüler oder die zu lobende Schülerin.
- Auftrag: Achtet darauf, dass ihr dabei ernst bleibt. Am Ende könnt ihr ein Blitzlicht machen:

  a) Wie hat euch die Lobrunde gefallen? Warum?

....

....

....

b) Was habt ihr über eure Mitschüler erfahren, was ihr noch nicht wusstet?

....

....

....

⇨ ***Beispiel: Schritte zur Einführung von „Ich-Botschaften"***

- Bildet Paare.
- Der Partner A beginnt und vervollständigt auf B bezogen folgende Sätze, danach tauscht ihr die Rollen.
  - ✓ Ich finde, du hast .... besonders gut gemacht.
  - ✓ Ich glaube, du kannst .... gut, ... aber weniger gut.
  - ✓ Ich meine, du solltest in Zukunft mehr darauf achten, dass

    ....
  - ✓ Ich denke, du kämest besser zurecht, wenn du

    ....
  - ✓ Ich habe Probleme mit dir, wenn du

    ....
  - ✓ Ich würde mich freuen, wenn du mir gegenüber

    ....
  - ✓ Ich bin sehr glücklich, dass du mich

    ....
- Führt danach ein Schreibgespräch durch. Ergänzt dazu die folgenden Sätze:
  - ✓ Als mir mein Partner die Ich-Botschaften sagte, fühlte ich mich

    ....

    ....

    ....
  - ✓ Solche Ich-Sätze haben für mich den Sinn

    ....

    ....

    ....

✓ Ich sollte im Unterricht mehr Ich-Botschaften verwenden, wenn ich

....

....

....

✓ Unser Mathe-/Deutsch-/Englischlehrer sollte mehr Ich-Botschaften benutzen, wenn er

....

....

....

- Sprecht anschließend über eure Sätze.
- Bildet dazu Gruppen zu vier Personen und tauscht euch aus.
- Formuliert drei Ziele, die ihr euch für die nächste Zeit vornehmen wollt.

  1. Ziel:

  ....

  ....

  ....

  2. Ziel:

  ....

  ....

  ....

  3. Ziel:

  ....

  ....

  ....

⇨ ***Beispiel: Feedback (Erläuterung und Übung)***

- **Info: Feedback ist** ein Bestandteil der **Meta-Kommunikation**. Diese beschäftigt sich mit dem Kommunikationsprozess selbst. Angemessenes Feedback ist eine Botschaft über die aktuelle Befindlichkeit des Sprechers. Dabei bezieht er sich auf ein konkretes (sprachliches oder nicht-sprachliches) Verhalten seines Gegenübers. Außerdem kann der Sprecher bei einem Feedback Konsequenzen nennen, die sich für ihn tatsächlich aus dem Verhalten des Feedback-Empfängers ergeben, schon ergeben haben oder noch ergeben werden.

„Ich bin sehr froh darüber, dass du mir das gesagt hast. Denn das hilft mir wirklich weiter." ist eine vollständige Feedback-Aussage. Die Aussage besteht aus mehreren Teilen, die alle für ein angemessenes Feedback wichtig sind. **Und so ist das Feedback sprachlich aufgebaut:**

Baustein des Feedbacks	... und was er bedeutet
Ich bin ...	Die Aussage ist eine Ich-Botschaft.
froh darüber, ...	Die Aussage beschreibt die aktuelle Gefühlslage des Sprechers.
dass du mir das gesagt hast. ...	Der Nebensatz enthält das tatsächlich beobachtbare Verhalten des Gesprächspartners, auf das sich der Sprecher mit seinem Feedback bezieht.

Denn das hilft mir wirklich weiter.	Dieser Satz formuliert die Konsequenzen, die das Verhalten des Gesprächspartners für das Leben des Sprechers hat. ⇨ Hinweis: Dieser Teil des Feedbacks kann auch fehlen, z. B. dann, wenn es keine erkennbaren Folgen für den Sprecher gibt.

Feedback-Übung für Lehrerinnen und Lehrer

- Bilden Sie Paare.
- Lesen Sie zunächst in Einzelarbeit die folgenden Äußerungen aufmerksam durch. Entscheiden Sie spontan, welche der Formulierungen ein sprachlich angemessenes und vollständiges Feedback darstellen. Kennzeichnen Sie die korrekten Feedback-Äußerungen durch einen Haken.
- Kreuzen Sie dann die Aussagen an, die kein angemessenes Feedback sind.
- Besprechen Sie Ihre Ergebnisse zu zweit und verständigen Sie sich auf jeweils eine Lösung für jeden Satz.
- Ändern Sie die unangemessenen oder unvollständigen Äußerungen so, dass sie den Kriterien für sprachlich richtiges Feedback genügen.
- Besprechen Sie die Ergebnisse danach im Plenum.

„Du hast schon wieder eine Fünf in Englisch geschrieben. Das passt mir nicht. So kann das nicht weitergehen.“	
„Ich freue mich, dich zu sehen. Wir werden bestimmt wieder viel Spaß miteinander haben.“	

„Ich möchte mit dir gern ins Kino gehen. Das ist für mich immer wieder sehr interessant.“	
„Ich bin sehr verärgert darüber, dass du den Termin wieder abgesagt hast. Das bringt meinen Zeitplan ganz schön durcheinander.“	
„Du bist wirklich ein Faulpelz. Ich habe dir doch schon gestern gesagt, dass die Aufgabe heute erledigt sein muss.“	
„Ich bin sehr froh darüber, dass du die Sache schon erledigt hast. Das wird dir bestimmt nutzen.“	
„Ich bin mir jetzt wirklich nicht sicher, ob du überhaupt verstanden hast, was ich will. Dein Verhalten ist sehr widersprüchlich. Und das irritiert mich.“	

„Ich habe wirklich die Nase voll von deinem Verhalten. Immer sagst du etwas, das du anschließend doch nicht tust. Das geht mir zu weit.“	

2.2.5. Bewertung in den Gruppen (Evaluation)

⇨ *Worum geht es?*

Arbeits- und Verhaltensweisen müssen am Ende der Gruppenarbeit ebenso bewertet werden wie die Quantität und die Qualität der Gruppenergebnisse. Die Gruppenmitglieder müssen darüber sprechen, **wie effektiv ihre Arbeitsbeziehungen waren bzw. sind und welcher Zusammenhang zwischen diesen personalen Beziehungen und dem Lernergebnis besteht**. Ziel ist es, jenes Verhalten beizubehalten, das der Gruppe bei ihrer Arbeit hilft, und Verhalten neu zu kreieren, das die bisherige Qualität der Kooperation verbessert.

⇨ *So funktioniert es:*

Am Ende von Gruppenphasen, zumindest aber am Ende von Unterrichtsreihen müssen die Schüler Gelegenheit haben, über den Arbeitsprozess nachzudenken und miteinander zu sprechen. Für den Evaluationsprozess kann z. B. der folgende **Fragebogen** genutzt werden. Nach dem Ausfüllen der Bögen müssen sie ausgewertet und besprochen werden. Dabei soll auch neues Verhalten etabliert werden, soweit dies nötig erscheint.

⇨ ***Beispiel: Fragebogen zur Evaluation von Gruppenprozessen***

Anleitung:

Die Schüler lesen das jeweilige Item und bewerten ihr persönliches Verhalten quantitativ („Ja“, „Nein“, „Teilweise“). Anschließend überlegt jeder, wie er das jeweilige Verhalten verbessern könnte. Dabei geht es um *konkrete* Handlungsanweisungen.

Erweiterung:

Am Ende des Bogens kann man nach Verbesserungsvorschlägen fragen, die die gesamte Gruppe betreffen.

1. Ich habe den anderen Gruppenmitgliedern zugehört und mich dabei dem Sprecher zugewandt.

Ja	Nein	Teilweise	So könnte ich mein Verhalten verbessern .....

2. Ich habe die anderen Gruppenmitglieder während ihrer Beiträge durch Lächeln oder Kopfnicken positiv verstärkt.

Ja	Nein	Teilweise	So könnte ich mein Verhalten verbessern .....

3. Ich habe den anderen Gruppenmitgliedern Feedback gegeben, wenn dies nötig war.

Ja	Nein	Teilweise	So könnte ich mein Verhalten verbessern .....

4. Ich habe die Meinungen der anderen Gruppenmitglieder in sozial angemessener Form kritisiert.

Ja	Nein	Teilweise	So könnte ich mein Verhalten verbessern .....

5. Ich habe das Verhalten und oder die Ansichten der anderen Gruppenmitglieder gewürdigt und gelobt.

Ja	Nein	Teilweise	So könnte ich mein Verhalten verbessern .....

6. Ich habe den anderen Gruppenmitgliedern geholfen, wenn dies nötig war und akzeptiert wurde.

Ja	Nein	Teilweise	So könnte ich mein Verhalten verbessern .....

7. Ich habe mich in die anderen Gruppenmitglieder einfühlen können.

Ja	Nein	Teilweise	So könnte ich mein Verhalten verbessern .....

8. Ich habe die anderen Gruppenmitglieder ermutigt.

Ja	Nein	Teilweise	So könnte ich mein Verhalten verbessern .....

9. Ich habe den anderen Gruppenmitgliedern Fragen zur Sache gestellt.

Ja	Nein	Teilweise	So könnte ich mein Verhalten verbessern .....

10. Ich habe mich aktiv in den Gruppenprozess einbringen können und dies auch getan.

Ja	Nein	Teilweise	So könnte ich mein Verhalten verbessern .....

11. Ich habe mich während der Gruppenarbeit akzeptiert gefühlt.

Ja	Nein	Teilweise	So könnten die anderen mich leichter akzeptieren ....

12. Ich habe zur Lösung von Problemen oder Konflikten beigetragen.

Ja	Nein	Teilweise	So könnte ich mein Verhalten verbessern .....

13. Die Qualität des Arbeitsergebnisses war gut oder besser.

Ja	Nein	Teilweise	So könnte ich helfen, die Ergebnisse zu verbessern ...

14. Die Gruppe hätte in derselben Zeit mehr erreichen können.

Ja	Nein	Teilweise	So könnte ich der Gruppe helfen .....

Wertung und Verbesserungsvorschläge

Das hat mir am Verhalten der anderen Gruppenmitglieder gefallen	
Das hat mir am Verhalten der anderen Gruppenmitglieder weniger oder gar nicht gefallen	
So könnten wir den Arbeitsprozess in der Gruppe verbessern	

Profitipp:

Erinnern und beurteilen Sie Ihre bisherige Gestaltung von Gruppenaktivitäten unter den Kriterien des kooperativen Lernens. Ziehen Sie Schüsse aus Ihren Einsichten.

2.3. Arbeitsanregungen

Kooperatives Lernen

„Schüler übernehmen Lehrerfunktionen." Inwieweit trifft diese These auf kooperative Arbeitsformen zu?	
„Die Vernetzung von Informationen erhöht die Wahrscheinlichkeit, die Informationen zu behalten." Nehmen Sie Stellung mit Bezug zum kooperativen Lernen.	
Inwieweit wird beim kooperativen Lernen das individuelle Lerntempo der Schüler berücksichtigt?	
Menschen bevorzugen beim Lernen unterschiedliche Sinneskanäle. Inwieweit geht das kooperative Lernen darauf ein?	

„Kooperatives Lernen verbessert eher das Sozialverhalten der Schüler als deren kognitive Lernleistungen." Was meinen Sie dazu.	
Überlegen Sie, welche Wirkungen kooperatives Arbeiten auf das Lernergebnis hat a) in heterogenen Lerngruppen, b) in Gruppen von hochbegabten Schülern, c) in Gruppen unterdurchschnittlich Begabter.	
Es wird bezweifelt, dass Schüler ihren eigenen Lernprozess angemessen beurteilen können. Was spricht für, was gegen diese Annahme?	
Welche Gruppengröße halten Sie für angemessen, um kooperatives Lernen optimal zu gestalten?	

<table>
<tr><td>Überlegen Sie, welche Rollen (= Aufgaben) Sie vor einer Gruppenarbeit vergeben können.</td><td></td></tr>
<tr><td>„Kooperative Arbeitsformen steigern den Selbstwert der Gruppenmitglieder.“ Erläutern Sie Für und Wider dieser These.</td><td></td></tr>
<tr><td>„Denkt euch ein Handzeichen aus, das ihr benutzt, wenn ihr in der Gruppe erfolgreich einen Arbeitsplan erstellt habt.“ Überlegen Sie, inwieweit diese Anweisung positive Abhängigkeit schafft.</td><td></td></tr>
<tr><td colspan="2">„Bei dem Plakat sollte einer malen, ein anderer sollte schreiben und zwei sollten vortragen.“ Überlegen Sie, in-wieweit diese Anweisung po-sitive Abhängigkeit schafft.</td></tr>
</table>

Formulieren Sie eine Arbeitsanweisung, die Ihrer Meinung nach positive Abhängigkeit unter den Beteiligten erzeugt. Begründen Sie bitte ausführlich.	
Welche sozialen Kompetenzen erscheinen Ihnen für Gruppenarbeiten besonders wichtig? Warum?	
Nehmen Sie an, Sie wollen die Fähigkeiten der Schüler zum Lösen von sozialen Konflikten stärken. Welche Fähigkeiten und Fertigkeiten der Schüler müssen Sie fördern bzw. entwickeln und einüben?	
Nehmen Sie an, einige Schüler Ihrer Klasse beteiligen sich während der kooperativen Gruppenphasen deutlich weniger als andere. Welche Fähigkeiten und Fertigkeiten dieser Schüler müssen Sie fördern bzw. entwickeln und einüben, damit sich diese Situation ändert?	

Sie stellen fest, Ihre Lerngruppe ist montags in der ersten Stunde oft sehr unruhig. Sie wollen dies ändern. Wie könnten Sie dies im Rah-men kooperativen Lernens tun? Nennen Sie mehrere Maßnahmen und diskutieren Sie deren Vor- und Nachteile.

Sie wissen durch einen IQ-Test: Claudia ist hochbegabt. Was bedeutet das für Ihre Absicht, in der Klasse kooperatives Lernen durchzuführen?	

Sie haben in einer Unterrichtsstunde die Grundlagen der Theorie X erarbeitet. In der Vernetzungsphase der Stunde wollen Sie die Vorteile dieser Theorie gegenüber dem Modell Y behandeln, das den Schülern ebenfalls bekannt ist. Wie gehen Sie vor, um die Vernetzungsphase nach Maßgabe kooperativen Lernens zu gestalten?

Welches Ziel und welchen Wert hat kooperatives Lernen?	
Wie erreichen Sie die geforderte positive Abhängigkeit in der Arbeitsgruppe?	
Welche sozialen Fähigkeiten brauchen Schüler, um kooperativ und effektiv zu lernen?	
Beim kooperativen Lernen soll jedes Gruppenmitglied Verantwortung für das Lernergebnis übernehmen. Wie erreichen Sie das?	
Wie gestalten Sie die Evaluation der Lernphasen?	

Welche Schwierigkeiten sehen Sie bei der Einführung kooperativer Arbeitsformen und wie gehen Sie mit den Problemen um?	
Wie intervenieren Sie, wenn nicht alle Gruppenmitglieder sich aktiv am Arbeitsprozess beteiligen?	
„Kooperatives Lernen ist nicht neu." Nehmen Sie Stellung zu der These.	
Wo sehen Sie die Grenzen des kooperativen Lernens im Unterricht?	
Welche außerunterrichtlichen Maßnahmen könnten helfen, das kooperative Arbeitsverhalten von Schülern zu verbessern? Begründen Sie bitte Ihre Meinung.	

<table>
<tr><td>Manche Lehrer bitten die Schüler, ihre Leistung selbst einzuschätzen, bevor sie vom Lehrer beurteilt wird. Inwieweit unterstützt dieses Verfahren kooperatives Lernen?</td><td></td></tr>
<tr><td colspan="2">Sie wollen eine Unterrichtsstunde mit einem Comic beginnen. Wie könnten Sie die Einstiegsphase kooperativ gestalten? Was müssten Sie tun, was die Schüler? Entwickeln Sie anhand eines konkreten Beispiels ein Konzept.</td></tr>
<tr><td colspan="2">Sie wollen in einer Unterrichtsstunde eine Statistik / ein Bild / eine Grafik bearbeiten lassen. Überlegen Sie, wie Sie die Erarbeitungsphase kooperativ gestalten könnten. Was würde sich ändern, wenn Sie mehrere Materialien nutzen würden?</td></tr>
</table>

3. Soziales Lernen

„Man kann einen Menschen nichts lehren,
man kann ihm nur helfen,
es in sich selbst zu entdecken."
(Galileo Galilei)

3.1. Merkmale sozial-kommunikativer Kompetenz

Auch sozial-kommunikative Kompetenz fällt nicht vom Himmel. In der Biografie eines Menschen kam man gut zurückverfolgen, wie und wodurch seine Kompetenzen entstanden und gefördert oder auch beschädigt und gehemmt wurden (vgl. Erpenbeck / Heyse 2007). Was für alle Kompetenzbereiche gilt, gilt besonders für den Bereich sozial-kommunikativer Kompetenz: **Gelungene Sozialisation hilft, soziale Kompetenz zu erwerben.** Angesichts heute stark veränderter Sozialisationserfahrungen der Kinder und Jugendlichen wird es immer schwieriger, von gelungener Sozialisation zu sprechen. Heranwachsende sind heute aufgrund der Familienstrukturen sowie wegen der Emanzipationsbemühungen und der Berufstätigkeit beider Elternteile oft mehr als früher auf sich allein gestellt. So gewinnt die Clique besondere Bedeutung, die in aller Regel allerdings weniger als das Elternhaus gesellschaftskonforme Normen vermittelt (vgl. Baacke 2007; Hurrelmann 2007; Hurrelmann / Andresen 2007).

Hinzu kommt eine durch **Medien** überflutete Welt: Handy, PC, TV, MP 3- und CD- und DVD-Player sind für die heutigen Jugendlichen ebenso selbstverständlich wie die neuen Kommunikationsformen: SMS, Chats und Emails sind gängige Formen, sich zu verständigen. Der mediale Kontakt hat entscheidende Nachteile im Vergleich mit einem persönlichen Gespräch (vgl. Hecht 2008): Durch den Wegfall der non- und paraverbalen Kommunikationssignale bleibt für den Angesprochenen die Gefühlslage des Senders völlig unklar. In einer Face-to-Face-Kommunikation helfen uns Tonfall, Betonung, aber eben auch Mimik und Gestik mehr zu verstehen als das bloß gesprochene Wort. Wir lesen sozusagen zwischen den Zeilen. Und diese Zwischentöne machen vermutlich fast vier Fünftel der Kommunikation aus. Und – vielleicht noch wichtiger – **wir nehmen den nicht sprachlichen Teil der Kommunikation ernster als den gesprochenen** (vgl. Watzlawick 2007). Bei Emails und Co. ist dies anders: Wie eindringlich ist das Geschriebene gemeint? Kein Blick, keine Tonhöhe sagt es uns. Welche Gefühlslage schwingt beim Sprecher mit und verrät, ob nicht alles doch nur Ironie ist? Keine begleitende Information verrät es. Moderne Kommunikationsformen sind so gesehen gefühlskalt und sie machen womöglich emotionslos.

Ein wichtiger Bestandteil persönlicher Kommunikation ist die **Fähigkeit zur Empathie**. Die Gesprächspartner lernen und müssen fähig sein, sich in das Denken und die Welt des Gegenübers einzufühlen. Die Gesprächspartner gewinnen die Fähigkeit zum Mitleiden, zur Sympathie. Diese Fähigkeit scheint angeboren, aktiviert und kultiviert wird sie freilich erst durch die passenden nonverbalen Signale eines lebenden Gegenübers. „Von Angesicht zu Angesicht mäßigen wir uns auch im Streit automatisch. Beim E-Mailen entfällt diese Zurückhaltung fatalerweise." (Hecht 2008, 33) So schießen Menschen in medial-vermittelter Kommunikation emotional weit über das Ziel hinaus: Sie agieren in Emails und SMS aggressiver und radikaler als im persönlichen Gespräch; sie beleidigen oder beenden Beziehungen auf diesem Wege – in einer persönlichen Kommunikation hätten sie vorsichtiger gehandelt.

⇨ ***Bevor Sie weiterlesen:***

- Inwiefern beobachten Sie Auswirkungen dieses Kommunikationsstils bei den Schülern, die Sie unterrichten?
- Worauf sollten Sie zum Beispiel als Klassenlehrer achten, um dem Trend nach unpersönlicher Kommunikation entgegen zu wirken?

Neben dem Wegfall des Gesprächspartners haben moderne Kommunikationsformen auch einen anderen wesentlichen Nachteil: Sie reduzieren die Sprachkompetenz, zumindest fördern sie diese nicht. **SMS und Emails sind prädestiniert für die Nutzung von Jugendsprache.** Diese ist u. a. gekennzeichnet durch (vgl. auch Sedlaczek 2006):

- Wortneuschöpfungen wie „cool“ oder „geil“
- Superlativbildungen wie „mega“, „krass“, „voll“ oder „super-....“
- Anglizismen wie „mailen“ oder „simsen“
- Abkürzungen (-.-) = “etwas doof finden” oder (-_-) = „genervt“

Ganze Internetseiten helfen dem geneigten Nutzer von SMS, die verwendeten Abkürzungen zu verstehen und auseinander zu halten. Mit dieser Veränderung in der Sprachnutzung bei Jugendlichen geht eine kritische Einschätzung der Bevölkerung einher. Im Rahmen einer repräsentativen Studie des Instituts Allensbach vom April 2008 sagen 65% der Menschen in der Bundesrepublik: „Die deutsche Sprache droht immer mehr zu verkommen.“ (vgl. Walker 2008)

Damit nicht genug: **Die ständige Verfügbarkeit von Handys und PCs lässt auch ständige Kommunikation zu.** Ein gefährliches Suchtpontenzial macht sich breit und äußert sich in Chatrooms oder Dauersimsen. Dabei nimmt nicht die Tiefe, sondern vor allem die zeitliche Intensität der Kommunikation zu. Für manchen Menschen besteht die Notwendigkeit, erst einmal wieder Kontrolle über sich und sein Kommunikationsverhalten zu erlangen (vgl. Weick / Schur 2008).

SMS- und Email-Kontakte implizieren immer noch ein lebendiges Gegenüber. Anders sieht dies aus, wenn Kinder und Jugendliche stundenlang fernsehen, im Internet surfen oder Computerspiele spielen. Der Begriff **Online-Sucht** ist seit 1996 bekannt; betroffen sind vor allem Jugendliche. Sie bewegen sich bis zu vierzig Stunden im Netz, während der Normalnutzer mit zehn Stunden auskommt. Kinder und Jugendliche vereinsamen; die elektronischen Medien sind nur ein karger Ersatz für die fehlende soziale Nähe, die die Heranwachsenden brauchen und vermissen (s. stern.de 2007; Meyen 2006). In einem gewissen Sinne sind Online-Süchtige Mediensklaven, abhängig und doch nicht befriedigt.

Nicht erst seit der Debatte um und seit der Wiedereinführung von „Kopfnoten“ ist klar: **Die Schule hat einen Erziehungsauftrag. Und dieser Auftrag schließt die Vermittlung sozial-kommunikativer Kompetenz ein. So genannte Kopfnoten zum Sozialverhalten spiegeln indirekt die Bedeutung sozial-kommunikativer Kompetenz.** Leider repräsentieren die **Kernlehrpläne** in NRW ein sehr unterschiedliches Verständnis von Kompetenz. Interessant: Soziale Kompetenz wird wohl in keinem

Lehrplan als Kernkompetenz verstanden. Zu den Kernkompetenzen zählen zumindest einige Kernlehrpläne (s. MSW 2009b) wohl eher:

- **Sachkompetenz**
- **Methodenkompetenz**
- **Urteilskompetenz**
- **Handlungskompetenz**

Unter dem Aspekt der Lernprogression erwähnt der Kernlehrplan für Geschichte zum Beispiel dann doch den sozial-kommunikativen Aspekt von Unterricht: „Neben der Entwicklung der kognitiven Strukturen geht es unter dem Aspekt der Lernprogression zugleich auch um die Entwicklung und Förderung sozial-interaktiver und emotionaler Strukturiertheit." Und schließlich soll der Lehrer im Verlaufe der Sekundarstufe I für „die Ausweitung des sozial-interaktiven Repertoires an kooperativen, kommunikativen und sozial integrierenden Arbeitsformen" sorgen. Sinnvoller als diese Subsumierung der sozial-kommunikativen Dimension wäre gewesen, diese den anderen Kompetenzbereichen gleichzuordnen. Nur so wird ihre Bedeutung angemessen gespiegelt (vgl. a. Kliebisch / Meloefski 2009d).

Sozial-kommunikative Kompetenz zu besitzen bedeutet, ein ganzes Bündel von Fähigkeiten und Fertigkeiten anwenden zu können. Hierzu zählen **kommunikative Fähigkeiten im engeren Sinne**, die mit einem erweiterten Lernbegriff korrespondieren (vgl. z. B. Klippert 2007b):

- Zuhören und verstehen
- Darstellen und präsentieren
- Fragen und zweifeln
- Kritik üben und empfangen
- Analysieren und differenzieren
- Argumentieren und erörtern
- Begründen und strukturieren
- Diskutieren und debattieren

Merkmale eines weiter gefassten Kommunikationsverständnisses zielen auf den **sozial-ethischen Bereich** (vgl. Lehmann / Nieke o. J.; Nieke 2008; Schweer 2008b; Stiller 2005; Böhm 2006):

- Wahrnehmen und beobachten
- Gespräche führen

- Konstruktiv und effektiv zusammenarbeiten
- Gespräche strukturieren und moderieren
- Einfühlungsvermögen zeigen
- Vertrauen zeigen, ermöglichen und entwickeln
- Solidarisch, integrativ und tolerant sein und handeln
- Konflikte erkennen, thematisieren und lösen
- Verantwortungsgefühl entwickeln und verantwortungsbewusst handeln
- Moral- und Wertvorstellungen entwickeln und berücksichtigen

Schließlich kommen Aspekte hinzu, die man als **Konstituenten der Persönlichkeit** beschreiben kann (vgl. v. a. Heyse / Erpenbeck 1999; 2004; 2007b; 2009):

- Sich sozial-verträglich verhalten
- Hilfsbereit sein
- Schlagfertig reagieren
- Experimentierfreudig sein
- Flexibel handeln in Bezug auf seine eigene Rolle
- Anpassungsfähig sein
- Distanz zu seiner eigenen Rolle haben
- Sich (auch in seinen Gefühlen) mitteilen
- Überzeugungen artikulieren
- Andere überzeugen können
- Wirkungsvoll und charismatisch auftreten
- Gruppen leiten
- Fähigkeiten der Beteiligten kreativ nutzen

3.2. Entwicklung sozial-kommunikativer Kompetenz

Sozial-kommunikative Kompetenz umfasst ein breites Spektrum von Fähigkeiten; zudem **ist** sie in gewisser Hinsicht **eine Basiskompetenz**, weil zumindest Fach- und Methodenkompetenz in der Regel nicht ohne (sozial)kommunikative Kompetenz auskommen. Diese Ausgangslage macht es für den Lehrer schwierig: Er muss auswählen und sich in der unterrichtlichen Praxis auf einzelne Aspekte konzentrieren; nur so kann er ein systematisches Einüben sozial-kommunikativer Fähigkeiten gewährleisten.

Ein Großteil des Unterrichts ist interaktive Kommunikation. Im Unterricht themenbezogen miteinander reden ist ein wichtiger Bestandteil des täglichen Geschäfts von Schule. Lehrer freuen sich, wenn sich die Lernenden intensiv am Unterrichtsgespräch beteiligen. Kommunikation ist so gesehen das alltägliche Geschäft der Schule; ohne sachbezogene Kommunikation wäre Unterricht nicht möglich. Aber: Kommunizieren ist mehr als nur mal miteinander reden. Unterrichtsgespräche müssen die Sache und die beteiligten Personen in den Blick nehmen, wenn sie nicht langweilig oder bloßer Smalltalk werden sollen.

Wie muss man miteinander kommunizieren, damit Kommunikation auch effizient ist und gelingt? Schülern wird dies selten vermittelt. Ein paar Kommunikationsregeln – am Anfang eines Schuljahres aufgestellt – reichen kaum aus, um das Gesprächsverhalten einer Gruppe zu verbessern. Insbesondere reichen solche Regeln auch nicht aus, um ruhige, stille Schüler überhaupt ans Reden zu bringen. Dazu bedarf es oft auch methodischer Zugriffe, die geeignete Redeanlässe schaffen.

Kooperatives Lernen als didaktisches Grundprinzip eignet sich besonders zur Verbesserung kommunikativer Kompetenz. Die Grundlagen des Kooperativen Lernens sowie Hilfestellungen zu dessen Einführung haben wir im zweiten Kapitel dieses Buches behandelt. In diesem Kapitel zeigen wir fünf **Übungen**, mit denen Sie punktuell **die sozial-kommunikative Kompetenz von Schülern aufbauen** können. So können Sie als Lehrer schnell eingreifen, wenn Sie Kommunikationsmängel ausgleichen wollen. Die Übungen sind als Schülerübungen konzipiert; die Arbeitsmaterialien sind daher sofort einsetzbar.

Profitipps

- ✓ Formulieren Sie Ziele, die Sie mit der jeweiligen Übung erreichen wollen.
- ✓ Sprechen Sie mit der Lerngruppe über die Erfahrungen, die die Schüler mit einer Übung gemacht haben (Meta-Kommunikation). Durchführung und Auswertung einer Übung gehören immer zusammen!
- ✓ Vergleichen Sie die Erfahrungen der Schüler mit Ihren pädagogischen Zielen.
- ✓ Nutzen Sie die Übungen immer als integrativen Bestandteil von Unterricht, niemals isoliert.

✓ Wenden Sie die Übungen mehrfach an. Kommunikation braucht Übung. Aber: Variieren Sie die Übungen dabei – methodisch und inhaltlich.

✓ Erfinden Sie eigene Übungen, die auf Ihre Klasse oder Ihren Kurs zugeschnitten sind.

⇨ Übung: Genau zuhören

Bestimmt wirst du wissen: Genaues Zuhören ist wichtig für jedes Gespräch. Leicht kann es zu Missverständnissen kommen, wenn ein Gesprächspartner nicht richtig hinhört. Zuhören ist aber nicht immer einfach; für die meisten Menschen wird Zuhören schwierig, wenn sie zu lange zuhören müssen oder wenn sie das Thema nicht interessiert, um das es geht. Mit der folgenden Übung könnt ihr lernen, aufmerksam zuzuhören.

Durchführung

- Bildet Gruppen zu dritt; einer von euch ist der Beobachter, die beiden anderen A und B sind Gesprächspartner.
- A und B einigen sich auf ein spannendes Thema, das beide interessiert. Ihr könnt beispielsweise einen aktuellen Film oder ein Fernsehstück als Thema nehmen.
- Das Gespräch läuft dann nach folgenden Regeln ab: A fängt an über das Thema zu reden, B wiederholt, was er verstanden hat, ggf. korrigiert A. Erst dann sagt B seine Meinung zum Thema. Der Beobachter protokolliert den Gesprächsverlauf.
- Nach 5-7 Minuten beendet ihr das Gespräch.
- Dann schreiben die Gesprächspartner stichwortartig auf, was ihnen zu diesen Fragen einfällt (5 Min.):

  a) Was war mein größtes Problem während des Gesprächs?

....

....

....

....

b) Was war daneben meine wichtigste Erfahrung?

....

....

....

....

c) Wo habe ich im Alltag schon einmal ähnliche Erfahrungen gemacht?

....

....

....

....

- Jetzt könnt ihr die Rollen wechseln, so dass jeder einmal Beobachter oder Gesprächspartner ist.
- Sprecht nun in der Dreiergruppe über eure Antworten (10-15 Min.); dabei soll auch der Beobachter sagen, was ihm aufgefallen ist. Leitet aus euren Überlegungen drei Gesprächsregeln ab, die euch besonders wichtig sind:

Regel 1	
Regel 2	
Regel 3	

- Stellt eure Ergebnisse anschließend im Plenum vor.
- Worauf wollt ihr in Zukunft bei Gesprächen achten?
- Wie hat euch die Übung gefallen?

⇨ Übung: Wahrnehmen lernen

Viele Menschen sind viel zu schnell mit Deutungen (Interpretationen) bei der Hand. Sie wissen gleich, dass Hans ein schlimmer Typ ist, weil der lange Haare hat. Julia dagegen ist ein braves Mädchen, da sie 16 ist und noch keinen Freund hat. Sicher hast du dich auch schon mal darüber aufgeregt, dass Menschen vom Aussehen anderer schnell Rückschlüsse ziehen auf deren Innenleben oder Charakter. Und bestimmt bist du mit deinen Deutungen auch schon mal übers Ziel hinaus geschossen. Tatsächlich ist es für Menschen schwer, das nicht zu deuten, was sie sehen, hören, fühlen, riechen oder schmecken. Falsche Deutungen schaffen schlechte Stimmung in Gesprächen. Mit der folgenden Übung könnt ihr eure Wahrnehmung trainieren ohne zu interpretieren.

Durchführung

- Bildet mit dem Losverfahren Paare. Die Partner setzen einander gegenüber.
- Schaut euch an und schreibt auf, was ihr jetzt in diesem Augenblick am anderen beobachtet (5 Min.). Schweigt dabei!

Meine Beobachtungen:

- Teilt euch anschließend eure Beobachtungen mit. Sprecht darüber. Achtet darauf, wann ihr zu interpretieren beginnt.
- Schreibt auf, was eure Lehre aus der Übung ist und besprecht sie im Plenum.

....

....

....

....

⇨ Übung: Genau hinsehen

Manchmal braucht die Polizei Zeugen, nach einem Verkehrsunfall beispielsweise oder im Zusammenhang mit einem Verbrechen. In der Fernsehsendung „Aktenzeichen XY ... ungelöst" ruft man die Bevölkerung immer wieder auf, sich zu melden, wenn sie Angaben zu den gezeigten Verbrechen machen kann. Ihr wisst sicher, dass sich Zeugenaussagen manchmal ziemlich widersprechen. Woran liegt das? Jeder von uns nimmt nur bestimmte Teile einer Situation genau wahr, andere weniger und wieder andere gar nicht. Die Auswahl der Elemente ist nicht willkürlich, die ein Mensch genau erinnern kann. Sie hängt sehr stark damit zusammen, mit welchen Vorerwartungen und Erfahrungen jemand eine Situation wahrnimmt. Mit der folgenden Übung könnt ihr testen, wie gut ihr etwas wahrnehmt, das ihr euch eine Zeitlang anschauen könnt.

Durchführung

- ♦ Bildet Gruppen zu viert; jedes Gruppenmitglied erhält eine Kopie der Bildcollage auf der nächsten Seite.
- ♦ Jeder schaut sich die Collage 30 Sekunden lang an und legt sie dann beiseite.
- ♦ Malt jetzt möglichst genau auf, was ihr von der Collage behalten habt.

- ♦ Vergleicht die Ergebnisse in der Gruppe. Was fällt euch auf? Wie erklärt ihr euch die Beobachtungen?
- ♦ Was bedeuten eure Erkenntnisse für die Gespräche, die ihr im Unterricht oder anderswo führt?

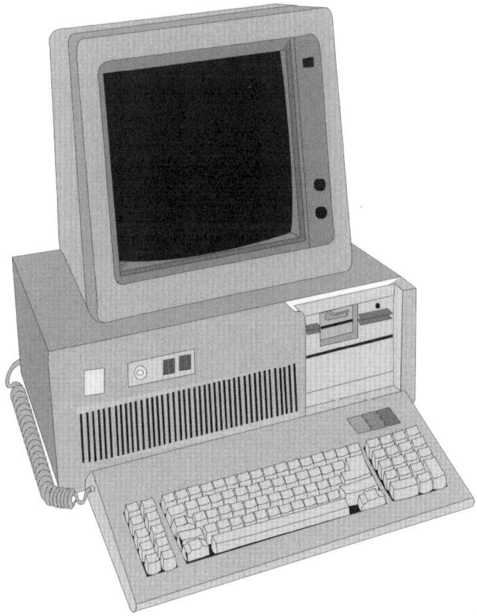

⇨ Übung: Pro und contra diskutieren

Zu vielen Fragen und Problemen des Lebens gibt es Pro- und Contra-Argumente. Pro-Argumente sind Gründe, die für etwas sprechen, Contra-Argumente sprechen dagegen. Man kann einerseits vieles durchsetzen, wenn man gute Argumente hat, die die eigene Auffassung von einer Sache unterstützen. Andererseits hilft einem die Kenntnis auch der Gegenargumente, die eigene Meinung besonders gut abzuwägen und ein reifes Urteil zu fällen.

Durchführung

- Wählt durch Mehrheitsentscheid ein Thema aus der Liste oder findet selbst eines:
  - ❑ Sollen man auch Frauen zum Dienst an der Waffe verpflichten?
  - ❑ Macht es heute Sinn, auf dem Land zu leben?
  - ❑ Sollen Supermärkte auch nachts geöffnet sein?
  - ❑ Soll man in der Schule die Klingelzeichen abschaffen?
  - ❑ Sollen Lehrer generell auf Hausaufgaben verzichten?
- Durch Abzählen 1,2,1,2 teilt ihr die Klasse in zwei Gruppen.

- In Einzelarbeit suchen alle aus der einen Gruppe jetzt 6 Pro-, die anderen 6 Contra-Argumente zu eurem Thema.

Meine Argumente
1.
2.
3.
4.
5.
6.

- Bildet aus den beiden Teilgruppen der Klasse Viererteams. Tauscht die Argumente aus. Einigt euch auf die 10 stichhaltigsten Gründe.

Unsere Argumente
1.
2.
3.
4.
5.
6.
7.
8.
9.
10.

- Wählt durch Los jeweils ein Mitglied der Viererteams aus.
- Die Ausgewählten führen auf dem Podium eine Diskussion, in der sie die Argumente ihrer Gruppe vertreten.
- Danach: Wertet die Diskussion im Plenum und / oder in den Vierergruppen aus. Wie gut sind die Argumente vertreten worden? Welche Gesprächsregeln sind beachtet worden, welche nicht? Welche Regeln braucht man für eine solche Gesprächsrunde? Was hat es euch gebracht, auch Argumente vertreten zu müssen, die nicht unbedingt eure eigenen waren?
- Wie hat euch die Übung gefallen?

⇨ Übung: Ein Team bilden

In Wirtschaftsunternehmen ist es ganz besonders wichtig: Man braucht starke Teams, die ein gestecktes Ziel mit der Kraft aller Beteiligten verfolgen. Schließlich geht es meist um viel Geld. Man kann sich Schlappheit und Auszeiten nicht leisten; das alles würde unnötig viel Geld kosten. Auch in vielen Sportarten braucht man gute Teams. Ein gutes Team leistet immer mehr als die Summe der Teammitglieder einzeln schaffen können. Aber wie funktionieren Teams? Wie kommt man zu guten Teams? Was macht Teams besonders leistungsfähig?

Durchführung

Nimm an, du hast auf einem fremden, aber kleinen Planeten ein Stück Land erworben. Auf dem Planeten gibt es außer dir nur noch etwa fünfzehn Einheimische; das Volk heißt PRIF. Auf dem Planeten können höchstens 50 Personen dauerhaft überleben.

- Durch Abzählen nach dem Zufallsprinzip teilt ihr die Klasse in Gruppen zu 6 Personen.
- In Einzelarbeit beantwortet jeder die folgenden Leitfragen:
  - ❑ Welche Personen würdest du auf die Insel mitnehmen, wen nicht?

  - ❑ Wie viele Personen etwa sollen am Ende auf dem Planeten leben? Wovon hängt die Entscheidung in diesem Punkt ab?

  - ❑ Welche Rolle willst du auf dem Planeten spielen? Welche Bedeutung haben die Einheimischen?

  - ❑ Wie sieht das Zusammenleben aus, das du dir auf dem Planeten wünschst. Welche Regeln sollen gelten? Was muss unbedingt verhindert werden?

- Bildet jetzt die ausgezählten Sechsergruppen. Tauscht eure Überlegungen zu den vier Leitfragen nacheinander (!) aus.
- Klärt bei dem Austausch eurer Vorstellungen diese Frage: Welche Gründe sprechen für die Entscheidungen, die jeder von euch in Bezug auf die vier Fragen getroffen hat? Überlegt zu jeder Frage die drei wichtigsten Gründe. Formuliert jeden Grund mit nur einem Substantiv!

Frage 1	**Frage 2**
1.	1.
2.	2.

3.	3.
Frage 3	**Frage 4**
1.	1.
2.	2.
3.	3.

- Geht jetzt die Substantive durch, die ihr in die Tabelle oben eingetragen habt. Welche der Substantive bezeichnen Eigenschaften die ein gutes Teammitglied oder insgesamt ein gutes Team auszeichnen? Stellt die eurer Meinung nach fünf wichtigsten Eigenschaften in einer Liste zusammen.

Wichtige Team-Eigenschaften
1.
2.
3.
4.
5.

- Diskutiert eure Ergebnisse im Plenum.
- Geht wieder in die Sechsergruppen: Übertragt die Ergebnisse eurer Diskussion im Plenum auf eure Situation in der Schule. Überlegt: Was braucht ihr noch, um bei Gruppenarbeiten in der Schule gute Teammitglieder zu werden. Nennt die vier wichtigsten Eigenschaften oder Verhaltensweisen. Schreibt wieder jeweils nur ein Substantiv auf.

Eigenschaften / Fähigkeiten für Gruppenarbeiten
1.
2.
3.
4.

- Diskutiert eure Liste nochmals im Plenum.
- Was habt ihr aus der Übung gelernt?
- Welche Ziele nehmt ihr euch vor?
- Wie hat euch die Übung gefallen?

3.3. Soziale Kommunikation und Interaktion

3.3.1. Fragebogen zum sozialen Lernen

Testen Sie mit dem folgenden Fragebogen, wie gut Ihre Kenntnisse zum sozialen Lernen entwickelt sind und wie Sie diese bisher in der Praxis umsetzen.

1. Ich kenne das Beratungskonzept meiner Schule.

Ja		**Nein**		**Teilweise**	

2. Ich weiß, was aktives Zuhören ist.

Ja		**Nein**		**Teilweise**	

3. Meine Schüler wenden aktives Zuhören im Unterricht an.

Ja		**Nein**		**Teilweise**	

4. Ich kenne die Funktion von Türöffnern.

Ja		**Nein**		**Teilweise**	

5. Ich kenne das Verfahren der Streitschlichtung.

Ja		**Nein**		**Teilweise**	

6. Ich weiß, warum Ratschläge manchmal nicht fruchten.

Ja		**Nein**		**Teilweise**	

7. Ich kenne mindestens drei psychologische Richtungen bzw. Schulen.

Ja		**Nein**		**Teilweise**	

8. Ich nutze psychologische Kenntnisse, um mir das Verhalten von Schülern zu erklären.

Ja		**Nein**		**Teilweise**	

9. Ich wende bewusst psychologische Kenntnisse an, wenn ich Schüler berate.

Ja		**Nein**		**Teilweise**	

10. Ich weiß: Ratschläge sind nur manchmal nützlich.

Ja		Nein		Teilweise	

11. Ich lasse Schüler möglichst häufig in Paaren oder in Gruppen arbeiten.

Ja		Nein		Teilweise	

12. Ich habe eine Beratungsausbildung.

Ja		Nein		Teilweise	

13. Ich weiß, wie Menschen auf Ereignisse reagieren und wie sie diese verarbeiten.

Ja		Nein		Teilweise	

14. Ich kenne das operante Konditionieren und kann das Verfahren auch erklären.

Ja		Nein		Teilweise	

15. Ich wende die Technik des Konditionierens als Erziehungshilfe an.

Ja		Nein		Teilweise	

16. Ich kenne mehrere Verfahren des Spiegelns.

Ja		Nein		Teilweise	

17. Ich weiß theoretisch, was Leidensdruck ist.

Ja		Nein		Teilweise	

18. Ich kenne die veränderten Sozialisationsbedingungen heutiger Kinder und Jugendlicher.

Ja		Nein		Teilweise	

19. Ich nutze kooperative Arbeitsformen.

Ja		Nein		Teilweise	

20. Ich reflektiere mit meinen Schülern regelmäßig ihr Sozialverhalten.

Ja		Nein		Teilweise	

21. Ich vermittle meinen Schülern soziale Kenntnisse und Fähigkeiten.

Ja		**Nein**		**Teilweise**	

22. Ich vertrete bestimmte Erziehungsvorstellungen.

Ja		**Nein**		**Teilweise**	

23. Ich mache meinen Schülern meine Erziehungsvorstellungen transparent.

Ja		**Nein**		**Teilweise**	

24. Ich weiß, wie man Schülern hilft, eigene Arbeits- und Lebensziele zu formulieren.

Ja		**Nein**		**Teilweise**	

25. Ich weiß, wie man Schülern hilft, sich selbst zu disziplinieren.

Ja		**Nein**		**Teilweise**	

26. Ich weiß, wie man Schülern hilft, Abstand zu ihren Problemen zu bekommen.

Ja		**Nein**		**Teilweise**	

27. Ich weiß, wie man mit Schülern Lernverträge schließt.

Ja		**Nein**		**Teilweise**	

28. Ich nutze im Unterricht Rollen- und Interaktionsspiele.

Ja		**Nein**		**Teilweise**	

29. Ich lege in meinem Unterricht wert darauf, dass die Schüler sich gegenseitig zuhören.

Ja		**Nein**		**Teilweise**	

29. In meinem Unterricht können Schüler lernen, Konflikte gewaltfrei zu lösen.

Ja		**Nein**		**Teilweise**	

30. Ich habe mit meiner Klasse schon einmal ein Training zum sozialen Lernen durchgeführt.

Ja		**Nein**		**Teilweise**	

Auswertungsbogen

Tragen Sie jetzt Ihre Antworten in den Auswertungsbogen ein. Je häufiger Sie mit „Ja“ geantwortet haben, desto mehr wissen Sie über Aspekte des sozialen Lernens Bescheid und desto häufiger wenden Sie Ihre Kenntnis erfolgreich an. Gehen Sie daher vor allem den Items noch einmal nach, die Sie mit „Nein“ oder „Teilweise“ beantwortet haben. Diskutieren Sie Ihre Ergebnisse in einer Gruppe mit Kolleginnen und Kollegen.

Nr.	Ja	Nein	Teilweise
1			
2			
3			
4			
5			
6			
7			
8			
9			
10			
11			
12			
13			
14			
15			
16			
17			
18			
19			
20			
21			
22			
23			
24			
25			
26			
27			
28			
29			
30			

3.3.2. Lehrer als Sozialhelfer

Immer mehr Lehrer erleben bei den Jugendlichen **gewandelte Sozialisationserfahrungen**; ein defizitäres, teilweise delinquentes Verhalten bei den Heranwachsenden ist die Folge (vgl. Rolff / Zimmermann 2001; Hurrelmann / Andresen 2007). Gewaltbereitschaft und aggressive Auseinandersetzungen nehmen daher an den Schulen zu, obwohl Lehrer alternative Umgangsformen vermitteln. Gleichzeitig steigt durch schwierige Ausbildungssituationen und die mangelnden Berufsperspektiven die **Belastung bei den Schülern**. Sie haben Angst, sind müde, unkonzentriert und gestresst, da sie den Leistungs- und Verhaltensanforderungen oft nicht gewachsen sind (vgl. Hurrelmann / Bründel 2008).

Viele **Schüler-Probleme sind mit den üblichen methodisch-didaktischen Bemühungen nicht mehr in den Griff zu bekommen.** Mehr Gruppenarbeit, mehr ganzheitliches Lernen, all das reicht oft nicht aus, um eine Lerngruppe aufmerksam und konzentriert zu machen und zu halten. Viele Schüler haben Probleme, die mit den Unterrichtsgegenständen oft nichts zu tun haben. Die Kinder und Jugendlichen sind (schul)müde, gestresst, haben Kopf- und Gliederschmerzen, haben Auseinandersetzungen mit den Eltern, mit den Geschwistern und bestehen gerade wieder einmal einen Konflikt mit Klassenkameraden oder Freunden. Das Schulministerium NRW (2009a) fasst auf seiner Homepage zur individuellen Förderung einige Problembereiche zusammen und nennt u. a.:

- Desorganisation
- Bildungsferne
- Notlagen und Krisen (finanziell und persönlich)
- Angst vor Misserfolg und Strafe
- Lernschwierigkeiten

Alle diese Erfahrungen beeinflussen die Lernbereitschaft und Lernfähigkeit der Heranwachsenden so stark, dass Misserfolge vorprogrammiert sind. Oft sind psychische Konflikte die Folge dieser ungünstigen Stress-Bilanz (vgl. Baacke 2007). **Individuelle Förderung heißt aber nicht nur Förderung von Fach- und Methodenkompetenz, sondern auch von Selbst-, Handlungs- und sozialer Kompetenz.**

Eine solche ganzheitliche Förderung ist einerseits über Förderunterricht und Beratung möglich, andererseits kann man spezielle Sozialtrainings durchführen.

Besonderes Augenmerk gilt den Heranwachsenden mit **Defiziten im Sozialverhalten**. Kinder und Jugendliche mit Schwierigkeiten im psychosozialen Bereich behandelt man anders als solche, die Schwierigkeiten dieser Art nicht haben. Denn ernsthafte Hilfe ist für solche Problem-Schüler nur dadurch möglich, dass ihre Probleme auch tatsächlich thematisiert werden. **Beratung als Einzelfallhilfe** kann dies leisten. Denn ein Teil psychosozialer Probleme besteht meist gerade darin, dass diese Probleme nicht oder nicht vollständig mitgeteilt werden. Dieses Verhalten der Betroffenen ist leicht erklärbar: Sie wollen sich durch beharrliches Schweigen oder Leugnen vor der Konfrontation mit dem eigenen Selbst schützen; ihre Privatsphäre soll nicht auf dem Markt der Neugierde ausgebreitet und letztlich vielleicht sogar gegen sie verwendet werden.

In einer solchen Situation sind **Lehrer als Sozial-Helfer** gefordert; Lehrer müssen Schülern Orientierung geben, sie an die Hand nehmen, sie zur Selbstdisziplin anleiten, sie führen (vgl. Bueb 2008a u. 2008b; Winterhoff 2008 u. 2009). Die Eltern der Jugendlichen allein können die Probleme meist nicht abfedern: Viele Schüler finden ein leeres Elternhaus vor, wenn sie mittags von der Schule nach Hause kommen. Eine große Zahl Heranwachsender ist in der häuslichen Umgebung stark auf sich allein gestellt; weder Geschwister noch ein vollständiges Elternpaar stehen den Jugendlichen im Bedarfsfall als Ansprechpartner zur Verfügung. Es ist leicht einsehbar: **Unter solchen Bedingungen bleiben viele schulische Probleme ungelöst.** Ungelöste Probleme können das Wohlbefinden der Heranwachsenden empfindlich stören. Der Griff zu Tabak, Alkohol und Drogen, aber auch der unkontrollierte Konsum von Arzneimitteln sind dann Versuche der Kinder und Jugendlichen, mit den Belastungen fertig zu werden (vgl. Hurrelmann 2007; Hurrelmann / Albert 2006).

Lehrer sollten um diese Vorgänge wissen, wenn sie heute mit Schülern reden. Viele Probleme der Jugendlichen in der Schule korrespondieren mit desolaten Zuständen in den Elternhäusern, die die Kinder nicht angemessen betreuen. Eltern sind mit ihren Erziehungsaufgaben überfordert, nehmen sie nicht, nicht mehr oder unangemessen wahr. **Problemgespräche mit Schülern sind daher oft durch Kontexte belas-**

tet, auf die der Lehrer keinen Einfluss hat. Schüler zu verstehen, sich in ihre Welt hineinzudenken und hineinzufühlen ist daher oft die wichtigste Aufgabe, die ein Lehrer im Gespräch mit Schülern übernehmen kann und sollte. Psychologische Interventionen im engeren Sinne sollte die Schule allerdings besonders qualifizierten Kollegen oder externen Beratern überlassen, um nicht zu dilettieren oder unnötige Frustrationen zu erleben. **Weniger blinder Aktionismus bedeutet hier sicher ein Mehr an effektiver Zuwendung und Hilfe.**

Die Lehrerausbildung fasst die sozial wirksame Tätigkeit der Lehrer unter dem Begriff „Beraten" zusammen. **Beraten ist eine Lehrerfunktion.** Die Rahmenvorgabe für den Vorbereitungsdienst differenziert die Beratungsaufgabe des Lehrers (vgl. MSW 2004); er soll

- „Schülerinnen und Schüler sowie die Erziehungsberechtigten adressaten- und situationsgerecht beraten,
- Probleme in besonderen Beratungssituationen kennen und mit ihnen angemessen umgehen,
- Möglichkeiten der eigenen Beratungstätigkeit einschätzen und mit anderen Institutionen kooperieren."

Das Seminarprogramm des Dortmunder Studienseminars zum Beispiel konkretisiert dies weiter:

„Referendarinnen und Referendare sollen .,......

- Schülerinnen und Schüler sowie die Erziehungsberechtigten adressatengerecht beraten

  Die Referendarinnen und Referendare
  - erkennen und analysieren Beratungsbedarf bei Schülerinnen und Schülern
  - kennen Gesprächs- und Interventionstechniken und wenden diese in Beratungsgesprächen an
  - bauen eine offene und vertrauensvolle Beratungsatmosphäre auf
  - geben bei Fachproblemen gezielte Hilfe
  - greifen ein und helfen bei persönlichen und sozialen Problemen (z. B. Vermittlung von Ansprechpartnern, Adressen usw.)

- Probleme in besonderen Beratungssituationen kennen und mit ihnen angemessen umgehen

Die Referendarinnen und Referendare

- nehmen an Beratungsgesprächen teil (z. B. Elternberatung, Laufbahnberatung, psychologische Beratung)
- kennen und beachten Struktur und Ablauf unterschiedlicher Beratungsprozesse
- erkennen und beachten Haltung, Erwartungen und Interesse von Gesprächsteilnehmern

- Möglichkeiten der eigenen Beratungstätigkeit einschätzen und mit anderen Institutionen kooperieren

  Die Referendarinnen und Referendare

  - beachten die Grenzen und Subjektivität der eigenen Beratertätigkeit
  - sind bereit zur Supervision und kollegialen Fallberatung
  - kennen und haben Kontakt zu außerschulischen Beratungsinstitutionen“

Das neue Schulgesetz NRW (MSW 2008) führt zur Beratung in § 44 aus: Lehrer sollen Schüler und Eltern im Blick auf die individuelle Lern- und Leistungsentwicklung [... sowie] in Fragen der Erziehung, der Schullaufbahn und des weiteren Bildungswegs beraten.“ Weiterhin sollen zum Bespiel besonders Begabte durch Beratung gefördert werden (§2) (vgl. Kliebisch / Meloefski 2009c).

Allerdings: **Kaum ein Lehrer hat gelernt zu beraten, weder in der Ausbildung noch später.** Dies gilt zumindest dann, wenn man unter Beratung mehr versteht als eine Weitergabe von Informationen. Die Ausbildung behandelt das Thema stiefmütterlich und lenkt das Augenmerk der jungen Kolleginnen und Kollegen vor allem auf das Unterrichten; auch viele Seminarausbilder haben keine Beratungsausbildung und fühlen sich auf dem Gebiet unsicher. Ähnlich wie das Diagnostizieren beruht das Beraten in der Schule oft auf Intuition. Man hat ein Gefühl, wie es wohl gehen könnte. Weder eine Konzeption ist vorhanden noch hinreichende Erfahrung durch Beratungspraxis. Einem Chirurgen würde man sich wohl nicht guten Gewissens anvertrauen, hätte er so wenig praktische Erfahrung in seinem Beruf wie manche Lehrer auf dem Gebiet des Beratens.

Profitipp

Die Bezirksregierungen, Verbände, aber auch private Träger bieten regelmäßig Ausbildungen zum Berater bzw. Beratungslehrer an. Nutzen Sie diese Möglichkeiten, um sich zu qualifizieren.

Der Beratungsbegriff wird undifferenziert gebraucht und ist nicht klar eingegrenzt. Die Online-Enzyklopädie Wikipedia nennt zum Stichwort Beratung 38 Unterkategorien, darunter so Verschiedenes wie Seelsorge, Schuldnerberatung, Feng-Shui- oder Berufsberatung. Dies korrespondiert mit der undifferenzierten Verwendung des Beratungsbegriffs im neuen Schulgesetz. Grundsätzlich versteht man unter **Beratung einen Kommunikationsprozess, in dem ein Berater mit einem Ratsuchenden spricht.** Dieses Gespräch hat ein Ziel: Es **dient der Überwindung eines Mangels**, den der Ratsuchende empfindet. Beratung ist (im engeren Sinn) **freiwillig** und geht von der Selbstbestimmtheit des Ratsuchenden aus. Zwangsberatungen sind keine Beratungen! Im Schulbereich haben Lehrer die Aufgabe zu beraten. Ratsuchende sind in der Regel Eltern und Schüler.

Gegenstand einer **Beratung kann die bloße Vermittlung von Informationen sein**. So erfahren Schüler der Jahrgansstufe 10 zu festgelegten Zeiten, welche Fächer sie in der Oberstufe belegen müssen. Man spricht von Laufbahnberatung. Beratung kann auch (begleitende) **Lernberatung** oder in einem weiteren Sinne **psychologische Beratung** und Betreuung sein. Von psychologischer Beratung wird man sprechen, wenn der Gegenstand der Beratung Einstellungen und / oder Handlungen von Eltern oder Schülern sind; hierher gehören etwa Lernprobleme und Erziehungsfragen, aber auch Identitäts-, Verhaltens- und Beziehungsprobleme der Kinder und Jugendlichen. Beratung als Vermittlung von Informationen kann sich mit Hinweisen oder Ratschlägen begnügen. Beratung als Lernbegleitung oder psychologische Hilfe dagegen muss *strukturell* einer Therapie *ähnlich* angelegt sein, obwohl Lehrer keine therapeutische Ausbildung haben und nicht therapieren dürfen.

Hinweise:

- Ausgeklammert bleibt bei dieser Darstellung die **systemische Beratung** (vgl. z. B. Barthelmeß 2005). Sie bezieht sich auf die Schule als Institution und Organisation und liegt außerhalb des Aufgabenbereichs einzelner Lehrer. Systemische Beratung zielt auf die Gesamtqualität einer Schule und hilft über Evaluation, diese Qualität zu verbessern (vgl. Kempfert / Rolff 2005).

- Auch mit der Beratung als Informationsvermittlung beschäftigen wir uns in diesem Buch nicht weiter. Sie beruht in erster Linie (zumal als Laufbahnberatung) in der Weitergabe von gesetzlichen Regelungen, die in der Schule einzuhalten sind und umgesetzt werden müssen. Solche Informationen kann man einzelnen Personen, aber auch Gruppen mitteilen.

Profitipps

✓ Beratung muss auf „Interventionen“ nicht verzichten. „Verträge“ mit Schüler zum Beispiel sind erlaubt!

✓ Therapeutische Maßnahmen im engeren Sinne müssen aber Experten überlassen werden.

✓ Beratende Lehrer müssen ihre Grenzen einschätzen können und „Fälle“ abgeben, wenn sie an ihre Grenzen stoßen.

✓ Eine enge Zusammenarbeit mit professionellen Beratungsstellen und Psychologen ist ratsam und sowohl vom Schulgesetz als auch von der Rahmenvorgabe gewünscht.

⇨ ***Bevor Sie weiterlesen:***

- Nennen Sie fünf inhaltliche Bereiche, die für Schüler Gegenstand einer Beratung sein können.
- Prüfen Sie: Wie erfolgversprechend sind Beratungen in den einzelnen Bereichen?
- Begründen Sie Ihre Einschätzung.

3.3.3. Einzelfallhilfe – Eine Maßnahme individueller Förderung

Eine psychologisch orientierte Beratung ist immer eine Einzelberatung (Einzelfallhilfe); in diesem Sinne ist sie eine spezielle Form individueller Förderung. Für eine gewisse Zeit wird ein Kind oder Jugendlicher neben dem Unterricht zusätzlich pädagogisch-psychologisch betreut. Durch die besondere diagnoseorientierte Vorgehensweise (s. 3.3.3.) hilft die psychologische Beratung dem einzelnen Schüler, mit seinen Schwierigkeiten umzugehen oder diese Schwierigkeiten sogar zu beheben. Probleme können sowohl im Lernbereich (begleitende Lernberatung) als auch im Bereich sozialer Interaktion (soziales Lernen) liegen (vgl. Boenisch / Sachse 2007). Beide Bereiche lassen sich im Rahmen der Einzelfallhilfe bearbeiten; Probleme sozialer Interaktion kann man zusätzlich durch Gruppentrainings thematisieren (vgl. Kap. 3.3.6.).

Profitipps

- Nicht jedes Schülerproblem braucht die Einzelfallhilfe. Viele Lernschwierigkeiten lassen sich in Förderstunden der Schule beheben.
- Sprechen Sie über problematische Schüler mit dem Klassenlehrer und den anderen Fachlehrern.
- An vielen Schulen sind ausgebildete Beratungslehrer etabliert. Nutzen Sie deren Kompetenz.
- Beziehen Sie die Eltern problematischer Schüler in den Förderprozess ein.
- Führen Sie als Alternative zur Einzelfallhilfe Gruppentrainings zum sozialen Lernen durch (s. Kap. 3.3.6.)

⇨ ***Bevor Sie weiterlesen:***

- Welche Erfahrung haben Sie mit systematischer Einzelfallhilfe?
- Welche Schwierigkeiten sehen Sie im Blick auf die Einzelfallhilfe?

Eine Einzelfallhilfe sollte strukturiert ablaufen; das Verfahren umfasst in der Regel vier Schritte:

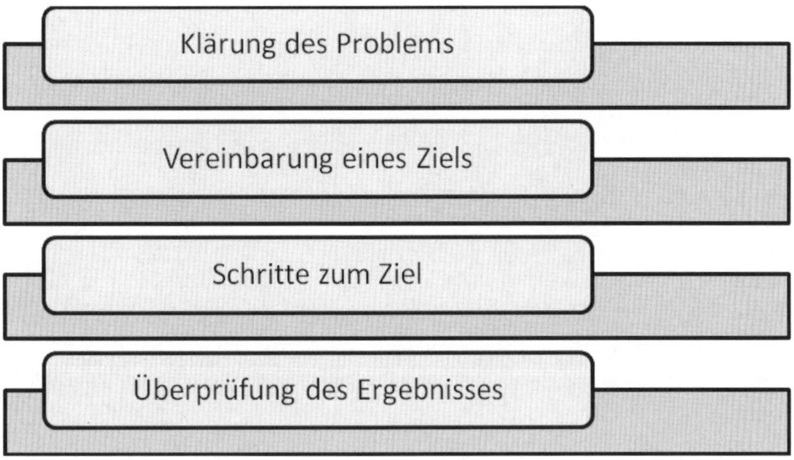

Beim Durchlaufen dieser Schritte greifen Lehrer meist auf verschiedene psychologische Konzepte zurück. Allgemein bekannt sind.

- Der psychoanalytische Ansatz (Freud / Cohn)
- Der individualpsychologische Ansatz (Adler)
- Der verhaltenstherapeutische Ansatz (Skinner / Bandura)
- Der gesprächspsychotherapeutische Ansatz (Rogers / Gordon)
- Der rational-emotive Ansatz (Ellis)
- Der transaktionsorientierte Ansatz (Lazarus)
- Der lösungsorientierte Ansatz (Bamberger / DeShazer)
- Der neurolinguistische Ansatz (Bandler / Grinder)

Lesetipp:

- Ausführliche Informationen zu den Modellen erhalten Sie in Kliebisch / Meloefski (2009c).

- Zu Gesprächstechniken in der Beratung lesen Sie Kliebisch / Schmitz: Einfach besser beraten (2005).

⇨ ***Bevor Sie weiterlesen:***

- Wählen Sie eines der genannten psychologischen Modelle aus.
- Notieren Sie stichwortartig, was Sie über dieses Modell wissen.
- Nennen Sie Problembereiche, für die Sie das Modell nutzen würden.

Der Lehrer wird sich bei seinem Vorgehen nicht auf *ein* Konzept verlassen, sondern aus den verschiedenen Ansätzen für ihn Wichtiges nutzen. Eine solche Kombination verschiedener Modelle hat in der Praxis **Vorteile**: Es ist theoriegleitet, aber nicht ideologisch. Es vereint den Nutzen verschiedener Modelle synergetisch und steigert dadurch den Nutzen für den Ratsuchenden (vgl. Schnebel 2007).
Zu den einzelnen Schritten:

❑ **Klärung des Problems**

In dieser Phase wird das Problem des Schülers genau definiert. Oft beschreiben Schüler zu Anfang des Prozesses nicht den Kern des Problems, weil sie Scheu haben oder diesen Kern selbst nicht kennen. Der Lehrer hilft, das Problem aufzudecken.

- **Vereinbarung eines Ziels**

  Nach der Klärung des Problems bestimmen Lehrer und Schüler das Ziel des Beratungsprozesses. Nicht jedes Ziel ist für den Schüler erreichbar. Viele Ziele sind zu komplex oder zu allgemein formuliert. Ein Scheitern ist vorprogrammiert. Menschen erreichen Ziele unter zwei Bedingungen: Sie müssen dafür die nötigen Ressourcen besitzen und sie müssen bereit sein, für das Erreichen des Ziels alles Nötige zu tun. Oft ist dies nicht gegeben.

- **Schritte zum Ziel (Handlungsplan und Integration der Zielvorstellung)**

  In dieser Phase erarbeiten Lehrer und Schüler einen Handlungsplan; sie haben dabei das Ziel des Schülers vor Augen. Mit dem Handlungsplan beantwortet der Schüler die Frage: Was soll ich wann und auf welche Weise mit welchem Teilziel tun? Die Zielvorstellung zu formulieren reicht allein nicht aus, um sie auch zu etablieren. Zur Verstärkung kann der Plan zum Beispiel als Vertrag formuliert werden, den Lehrer und Schüler unterschreiben.

- **Überprüfung des Ergebnisses**

  Eine psychologisch orientierte Beratung ist nicht mit einer Sitzung beendet. Sie dauert oft mehrere Sitzungen. Zu Beginn einer jeden Sitzung prüfen Lehrer und Schüler, was von dem in der vergangenen Sitzung Erarbeitete der Schüler wie erfolgreich in der Praxis angewendet hat. Das Ergebnis dieser Prüfung führt meist zu neuen Einsichten im Blick auf das Problem. Auch das Beratungsziel und die Planungsschritte können in Folge durch die Prüfung der Teilergebnisse verändert werden.

⇨ Übung: Einzelfallhilfe planen

Überlegen Sie die sechs wichtigsten Aspekte, die Sie vor dem Beginn einer Einzelfallhilfe beachten sollten. Berücksichtigen Sie unterschiedliche Bereiche und begründen Sie Ihre Einschätzung!

Wichtige Aspekte	**Begründung**

3.4. Wirklichtsauffassungen und Sozialverhalten

Die Erklärung für das Nebeneinander ganz unterschiedlicher Wirklichkeitsbilder liegt in unterschiedlichen Zugängen der Menschen zur Wirklichkeit. Dieser Einsicht liegt ein bestimmtes **Persönlichkeitsbild** zugrunde (vgl. Ellis 2007; Lazarus / Lazarus 2006). **Jeder Mensch deutet die Wirklichkeit auf drei Ebenen**:

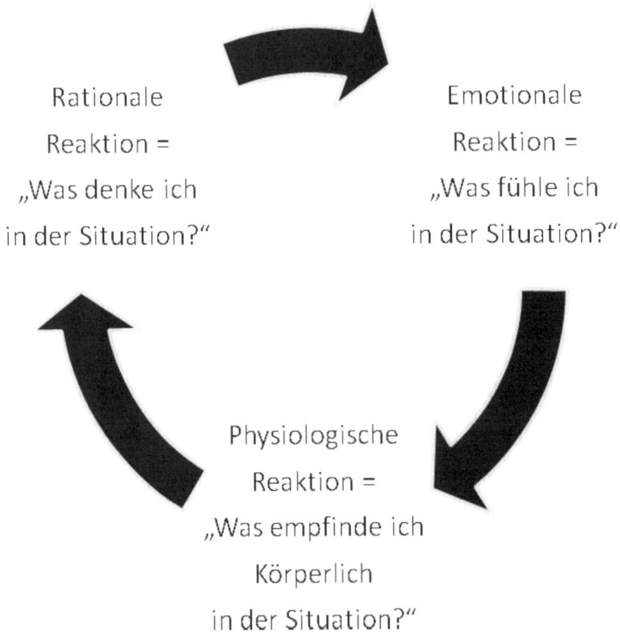

- ❖ Er interpretiert die Welt auf der Grundlage seiner Überzeugungen. ⇨ Rationale Dimension
- ❖ Er erlebt die Welt auf der Grundlage seiner Gefühle. ⇨ Emotionale Dimension

- Er empfindet die Welt auf der Grundlage seiner körperlichen Reaktionen. ⇨ Physiologische Dimension

Die drei Dimensionen stehen in einer fortlaufenden Beziehung zu einander und bedingen sich gegenseitig (s. Abb.). Negative Gedanken zum Beispiel führen zu negativen Gefühlen, diese wiederum zu unangenehmen Körperempfindungen: Gleichzeitig resultiert aus dem Kloß im Hals eine Bestätigung des Ausgangsgedankens und damit des Schuldgefühls. Der Kreislauf unterhält sich selbst und führt zu zunehmenden Beschwerden.

Menschen nehmen ihre Wirklichkeit nicht objektiv wahr. Die von der objektiven Außenwelt ausgesandten Reize nehmen Menschen mit Hilfe der fünf sensorischen Sinneskanäle – Sehen, Hören, Empfinden, Riechen, Schmecken – auf und verarbeiten sie dann weiter. Neurologische, soziologische und vor allem individuelle Filter sorgen für eine Interpretation der von außen kommenden Informationen und formen sie zu einer **subjektiven Landkarte der Wirklichkeit** (vgl. Kliebisch / Meloefski 2009b). **Handlungen und damit Sozialverhalten sind das Resultat der Interpretationen von Ereignissen.** Ein defizitäres Sozialverhalten eines Schülers ist also nicht dessen „böse Absicht", mit der er Lehrer „ärgern" möchte. Die Defizite beruhen auf einer Sichtweise der Wirklichkeit, die sich für den Betreffenden durch jahrelange Sozialisation als nützlich und üblich erwiesen hat.

Objektive Außenwelt = *Die Wirklichkeit, wie sie wirklich ist,* *wie sie uns aber nicht zugänglich ist*
Wahrnehmung der Reize *aus der objektiven Wirklichkeit* *mit Hilfe der fünf sensorischen Sinneskanäle:* *sehen, hören, fühlen, riechen, schmecken*

Einschränkung und Veränderung   ***der Wahrnehmung***   *durch Filter:*   *neurologisch, soziologisch, individuell*
Ergebnis: ***individuelle Interpretation der Wirklichkeit***   *der objektiven Realität =*   *subjektive Landkarte der Wirklichkeit*
Reaktion / Handlung   *aufgrund der subjektiven*   *Landkarte der Wirklichkeit =*   *individuelles Verhalten, Handeln*

⇨ Übung: Subjektive Landkarten konstruieren

- Ein Mensch hat Angst vor dem Fliegen. Wie wird er den Umstand interpretieren, wenn sein Flugzeug in starke Turbulenzen gerät? Wie sieht die subjektive Landkarte dieses Menschen aus? Wie wird er in der Situation reagieren?
- Ein Mensch hat Spaß am Risiko. Wir sieht dessen subjektive Landkarte bei dem Angebot aus, eine Abenteuerreise durch Südafrika zu machen. Wie wird er auf dieses Angebot reagieren?
- Stellen Sie sich vor, Sie wären schon dreimal in eine Radarfalle der Polizei getappt und hätten entsprechende Bußgelder für das Überschreiten der zulässigen Höchstgeschwindigkeit zahlen müssen. Wie sieht ihre subjektive Landkarte aus,

die sich aus diesen Erfahrungen ergibt. Wie werden Sie reagieren, wenn Sie demnächst ein Polizeifahrzeug auf dem Seitenstreifen der Autobahn stehen sehen?

Wovon hängt es ab, ob Menschen ihr Verhalten ändern? Echte Probleme machen Menschen betroffen. Betroffenheit – man spricht von „**Leidensdruck**“ – ist die wichtigste Voraussetzung für das Gelingen einer Beratung. Wenig erfolgreich sind Beratungsgespräche meist dann, wenn der Ratsuchende zwar mit einer differenzierten Selbstanalyse in die Beratung kommt, aber keine emotionale Regung zeigt, wenn er über sein Problem spricht. Negative Gefühle und das damit verbundene schlechte Gewissen von Schülern sind nicht nur eine wichtige Information für den Lehrer, sie helfen dem Schüler auch, sich seinem Problem zu stellen. Von der Sozialisation im Elternhaus hängt es aber ab, wie intensiv das Gewissen eines Kindes oder Jungendlichen entwickelt ist.

Die Kraft der schlechten Gefühle ist der Motor für die Veränderung. Denn jeder Mensch hat ein Bedürfnis, aus einem unangenehmen Gefühlszustand herauszukommen. Je intensiver das unangenehme Gefühl erlebt wird, desto größer ist die Motivation, das Gefühl zu überwinden. **Beratungs-, erziehungs- und damit förderungsresistent bleiben oft diejenigen Schüler, die ihre Probleme zwar kennen, aber nicht ernsthaft darunter leiden.** Diese (ungünstige) Konstellation findet man bei Schülern häufig: Lehrer und Eltern möchten das Schülerverhalten ändern, der Schüler selbst sieht dazu aber keinen Anlass. Dies zeigt das Versagen des Elternhauses: Eine zu liberale Erziehungspraxis führt zur Unfähigkeit der Heranwachsenden soziale Rückmeldungen mit einem schlechten Gewissen zu beantworten, das sie zur Veränderung mahnt. Weitere erzieherische Einwirkungen durch die Schule bleiben unter diesen Bedingungen meist fruchtlos.

Profitipps

- Uneinsichtige Schüler kann und sollte man nicht beraten! Individuelle Förderung ist als Einzelfallhilfe nur dann erfolgreich, wenn der betreffende Schüler sich helfen und damit fördern lassen möchte. Holen Sie sich vom Schüler einen Auftrag und beraten Sie erst, wenn Sie diesen haben!

- Auf erziehungs- und beratungsresistente Schüler muss man mit Ordnungsmaßnahmen reagieren (⇨ s. Hinweis), wenn das Fehlverhalten der Schüler gravierend ist.

Hinweis:

Das Schulgesetz NRW (MSW 2008) sieht in § 53 für schwierige Fälle neben der erzieherischen Einwirkung Ordnungsmaßnahmen vor; dort heißt es:

> Zu den erzieherischen Einwirkungen gehören insbesondere das erzieherische Gespräch, die Ermahnung, Gruppengespräche mit Schülerinnen, Schülern und Eltern, die mündliche oder schriftliche Missbilligung des Fehlverhaltens, der Ausschluss von der laufenden Unterrichtsstunde, die Nacharbeit unter Aufsicht nach vorheriger Benachrichtigung der Eltern, die zeitweise Wegnahme von Gegenständen, Maßnahmen mit dem Ziel der Wiedergutmachung angerichteten Schadens und die Beauftragung mit Aufgaben, die geeignet sind, das Fehlverhalten zu verdeutlichen. Bei wiederholtem Fehlverhalten soll eine schriftliche Information der Eltern erfolgen, damit die erzieherische Einwirkung der Schule vom Elternhaus unterstützt werden kann. Bei besonders häufigem Fehlverhalten einer Schülerin oder eines Schülers oder gemeinschaftlichem Fehlverhalten der Klasse oder Lerngruppe soll den Ursachen für das Fehlverhalten in besonderer
> Weise nachgegangen werden. (3) Ordnungsmaßnahmen sind
> 1. der schriftliche Verweis,
> 2. die Überweisung in eine parallele Klasse oder Lerngruppe,
> 3. der vorübergehende Ausschluss vom Unterricht von einem Tag bis zu zwei Wochen und von sonstigen Schulveranstaltungen,
> 4. die Androhung der Entlassung von der Schule,
> 5. die Entlassung von der Schule,
> 6. die Androhung der Verweisung von allen öffentlichen Schulen des Landes durch die obere Schulaufsichtsbehörde,
> 7. die Verweisung von allen öffentlichen Schulen des Landes durch die obere Schulaufsichtsbehörde.

Eine Veränderung von defizitärem Sozialverhalten setzt Leidensdruck voraus.

Leidensdruck lässt sich anhand der drei Dimensionen der Weltdeutung so beschreiben:

- Dem Betroffenen gehen ständig dieselben Gedanken durch den Kopf („Ich kann an nichts anderes mehr denken.“)
- Der Betroffene ist gefühlsmäßig starr („Ich kann mich nicht mehr freuen.“)
- Der Körper des Betroffenen spiegelt diesen Zustand. („Ich habe Kopf- und Rückenschmerzen.“)

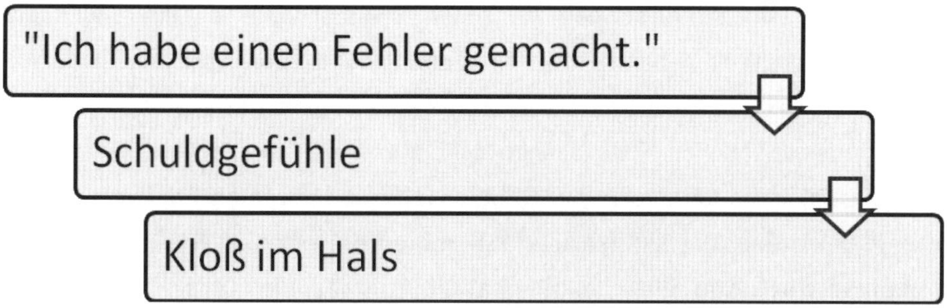

Leidensdruck ist Ausdruck einer inneren Anspannung; diese Anspannung resultiert aus dem Gefühl einer Kollision mit den gesellschaftlichen Erwartungen. Das eigene Sozialverhalten wird als unzureichend erlebt, das bestehende Problem zu lösen. Jeder Belastete möchte die Gesamtheit dieser unangenehmen Wahrnehmungen so schnell wie möglich los werden. **Je intensiver der (soziale) Druck, desto mehr wird der Betroffene dafür tun, diesen Druck zu verringern.** Anders gesagt: Je intensiver ein Schüler sein Problem erlebt und je intensiver ihn sein Gewissen plagt, desto größer ist für ihn und den Lehrer die Aussicht auf eine erfolgreiche Bearbeitung des Problems. Erfolgreich ist die individuelle Förderung durch Einzelfallhilfe dann, wenn der Schüler seine Leistungsfähigkeit wiedererlangt und das psychologische Hindernis beseitigt ist. Resignierte oder frustrierte Schüler können sich sozial nicht angemessen verhalten; sie sind nicht hinreichend flexibel, nicht hinreichend frei und unbeschwert in ihrem Denken. In dem Sinne ist die Einzelfallhilfe ein Beitrag zur Verbesserung der sozialen Kompetenz der Schüler. Der Einzelne kann erst dann wieder soziale Verantwortung übernehmen, wenn er von seinen eigenen Problemen befreit ist.

Menschen benötigen Informationen, um sich gegenseitig zu verstehen. Lehrer brauchen Information über Probleme von Schülern, wenn Sie den Schülern helfen wollen. Je weniger Informationen man von einem Sachverhalt hat, desto weniger kann man sich in Bezug auf den Sachverhalt adäquat verhalten. Menschen geben Informationen oft freiwillig preis, indem sie über die für sie wesentlichen Dinge erzählen. Vieles bleibt jedoch in Gesprächen ungesagt, was dennoch für die Beurteilung des Gesamtzusammenhangs wichtig sein kann. **Informationen werden aus unterschiedlichen Gründen nicht mitgeteilt; diese Gründe können für den Sprecher selbst bewusst oder unbewusst sein.**

Verschiedene Methoden helfen dem Menschen, Informationen der Außenwelt in das eigene subjektive Welterleben zu integrieren und dabei die persönliche Identität nicht zu stören (s. Abb.). Subjektive Landkarten sind kein Problem, solange sie keine (sozialen) Probleme schaffen. Ratsuchende Schüler haben aber Probleme. Anders gesagt: **Die subjektive Landkarte der Schüler ist an bestimmten Stellen zu einem Problem geworden. Die Landkarte stößt sich an der sozialen Realität: Soziales (Um)Lernen wird nötig. Einzelfallhilfe hat die Aufgabe, die subjektive Landkarte des Ratsuchenden so zu verändern, dass sie nicht mehr stört und mit der Wirklichkeit kongruent erlebt wird.** Dies geschieht u. a. durch das Freilegen der Tiefenstruktur der Information. Dazu nutzt der Lehrer spezifische **Fragen**, mit denen er die Tiefenstruktur des Gemeinten aufdeckt.

Lesetlpp:

- Ausführliche Informationen zu Gesprächs- und Fragetechnik erhalten Sie in Kliebisch / Schmitz: Besser beraten! (2005).

⇨ ***Bevor Sie weiterlesen:***

- Welche Vor- und Nachteile haben Fragen in der Einzelfallhilfe / im Unterricht?
- Welche Art von Fragen verwenden Sie am liebsten und warum?

Strenge Vertreter der humanistischen Psychologie Rogers' würden in einem Beratungsgespräch auf Fragen grundsätzlich verzichten. **Rogers' Menschenbild** verhindert dies: Aus der Sicht Rogers' hat jeder Mensch ein natürliches Potenzial zum Lernen und damit zum Ausgleich innerer Spannung. Jeder Mensch besitzt aus seiner Sicht die Fähigkeit, seine Probleme selbst zu erkennen, zu analysieren und zu lösen. Dies schließt ein: Jeder Mensch verfügt über alle Ressourcen, die zur Lösung jedes Problems nötig sind bzw. kann lernen, die Ressourcen zu erlangen (vgl. Rogers 2005 u. 2006). Fragen des Beraters wären daher eine Manipulation des Ratsuchenden. Wer fragt, führt. In dem Falle würde der Berater führen, während der Ratsuchende diese Selbstführung aber aus eigenem Antrieb schaffen könnte. Rogers' optimistische Anthropologie teilen wir in diesem Punkt nicht ganz. Daher: In Beratungsgesprächen sind auch Fragen erlaubt. Allerdings: Ihr Stellenwert muss ebenso klar sein wie der Zeitpunkt, ab dem man sie nutzt. **Fragen sollte man erst dann verwenden, wenn über bloßes Spiegeln kein Fortgang des Gesprächs mehr möglich ist.**

⇨ ***Bevor Sie weiterlesen:***

- Welchen Nutzen haben Gesprächstechniken in Gesprächen mit Schülern?
- Welche Gefahren sehen Sie in der Nutzung von Gesprächstechniken und Fragen?
- Begründen Sie Ihre Einschätzung.

3.5. Unterstützung und Information im Alltag

Lehrer beraten und informieren Schüler und Eltern in verschiedenen Situationen. Einerseits: Nicht jedes Thema braucht viel Zeit. Andererseits: Nicht immer steht viel Zeit für die Gespräche zur Verfügung. Günstig sind vorangemeldete Gespräche und solche, die auch mal eine Schulstunde dauern dürfen. Natürlich kann man die drei ersten Stufen des Beratungsprozesses auch auf mehrere Termine aufteilen, besser ist unter dem Aspekt der suggestiven Wirkung der Beratungssituation aber, diese Aufteilung zu vermeiden und den Prozess in jeder Sitzung vollständig zu durchlaufen. Dennoch: Auch unter ungünstigen (Zeit)Verhältnisse kann (und sollte) man Beratungsgespräche konstruktiv gestalten.

3.5.1. Elternsprechtag

⇨ *Worum geht es?*

Elternsprechtage sind eine besondere Form der Beratung. Sie sind in der Regel vororganisiert; Eltern erhalten durch vorherige Anmeldung Gesprächstermine. Bei manchen Lehrern kommt es zu einer Vielzahl von Gesprächsterminen; dadurch kann die Zeit für das einzelne Gespräch sehr knapp bemessen sein. Elternsprechtage ermöglichen den Eltern, von Fach- und Klassenlehrern Rückmeldung über die Leistungen und das Verhalten ihres Kindes zu erhalten. Oft dienen die Gespräche auch einfach dem gegenseitigen Kennenlernen (vgl. Singer 2008; Henning / Ehinger 2006).

Profitipps

- Auch wenn Sie wenig Zeit haben: Sie können die ersten drei Schritte des Beratungsprozesses auch in wenigen Minuten durchlaufen (Klärung des Problems, Zielvereinbarung, Schritte zum Ziel).
- Viele Gespräche an Elternsprechtagen werden erst dann produktiv, wenn neben den Eltern auch das betroffene Kind oder der Jugendliche anwesend sind. Überlegen Sie also, ob die Schüler die Eltern zum Elternsprechtag begleiten sollen. Informieren Sie die Heranwachsenden und die Eltern entsprechend.

⇨ *So funktioniert es:*

- Bereiten Sie sich auf die Gespräche vor. Folgende Fragen sind hilfreich:

  - ✓ Was genau will ich in dem Gespräch erreichen?
  - ✓ Welche Reaktion vermute ich auf Seiten der Eltern?
  - ✓ Was genau sollte das Ziel des Schülers sein?
  - ✓ Was genau muss der Schüler tun, um das Ziel zu erreichen?
  - ✓ Inwieweit kann der Schüler dieses Ziel erreichen?
  - ✓ Wie werde ich mit möglichen Schwierigkeiten im Gespräch umgehen?
- Bereiten Sie den Gesprächs-/Klassenraum vor (z. B. kooperative Sitzordnung).
- Begrüßen Sie die Eltern freundlich und schauen Sie diesen dabei in die Augen.
- Überlegen Sie, ob Sie den Eltern bei der Begrüßung die Hand sollen.
- Ergreifen Sie die Initiative und leiten Sie das Gespräch.
- Spiegeln Sie die Eltern auf verschiedenen Ebenen.
- Halten Sie während des gesamten Gesprächs Blickkontakt mit den Eltern!
- Nutzen Sie während des gesamten Gesprächs bestätigende Reaktionen (verbal und nonverbal, v. a. Kopfnicken und Lächeln).
- Beginn Sie jedes Gespräch mit einem Türöffner (Smalltalk ist erlaubt!).
- Hören Sie aktiv zu, solange es möglich ist.
- Geben Sie den Eltern eine positive Rückmeldung über ihr Erziehungsverhalten, wann immer dies begründet ist.
- Bleiben Sie ruhig, auch wenn Sie angegriffen werden (Eltern sind meist hilflos!).
- Lösen Sie Konflikte durch das Angebot zur Verständigung.
- Respektieren Sie die Auffassungen der Eltern, setzen Sie aber Ihre bei Bedarf dagegen.
- Suchen Sie gemeinsam mit den Eltern nach etwaigen Problemen des Kindes und beschreiben Sie diese Probleme genau.
- Entwickeln Sie gemeinsam mit den Eltern (und direkt oder später mit dem Kind) eine Zielvorstellung für den Schüler.
- Entwickeln Sie im Gespräch Schritte, die der Schüler zum Ziel gehen muss und kann. Beziehen Sie den Schüler ein, wann immer dies möglich ist.
- Vermeiden Sie, den Eltern Schuld oder Versagen zuzuweisen.
- Kontrollieren Sie Ihre Gefühle!
- Bleiben Sie in der Rolle des Fragenden, solange dies möglich ist.
- Nutzen Sie Fragen, die Generalisierungen, Tilgungen und Verzerrungen aufdecken!

- Fragen Sie die Eltern nach Zukunftserwartungen und Lösungsperspektiven für die Situation ihres Kindes.
- Geben Sie sachlich, aber deutlich die nötigen Informationen über den Leistungsstand des Schülers.

⇨ *Was sonst noch wichtig ist:*

- Begreifen Sie Elterngespräche am Elternsprechtag als einen gemeinsamen Prozess von Elternhaus und Schule, der dem jeweiligen Schüler helfen soll.
- Sie können also nur gewinnen. Elterngespräche an Elternsprechtagen sind keine Machtkämpfe!
- Elterngespräche an Elternsprechtagen sind auch Ausdruck Ihres Verständnisses von Erziehung und Unterricht. Ihr Auftreten und Verhalten sollte entsprechend vorbildlich sein.
- Als (Klassen-)Lehrer können Sie die Gespräche an Elternsprechtagen auch zur Anbahnung weiterer Kommunikationsmöglichkeiten mit den Eltern nutzen (z. B. Stammtisch, Beteiligung der Eltern an Klassenfahrten, Mitarbeit der Eltern bei Klassenfeiern, Schul- und Sportfesten).

3.5.2. Telefongespräche mit Eltern

⇨ *Worum geht es?*

Sie sollten unterscheiden: Es gibt a) Gespräche, die Sie telefonisch mit den Eltern führen wollen, und b) Anrufe, die Sie von Eltern erhalten. Bei Variante A bereiten Sie sich ebenso vor, wie es für einen Elternsprechtag sinnvoll wäre; im Fall B müssen Sie eher spontan reagieren. Dies fällt den meisten Menschen schwerer, als ein vorbereitetes Gespräch zu führen.

Profitipps

- Legen Sie bei geplanten Telefonaten selbst den Zeitpunkt fest.
- Bei unvorhergesehenen Anrufen durch Eltern: Verschieben Sie das Gespräch, wenn es Ihnen zum entsprechenden Zeitpunkt ungelegen kommt.
- Bereiten Sie sich auf Telefonate mit Eltern vor, wenn dies möglich und / oder wegen des Gesprächsthemas nötig erscheint (evtl. Informationen einholen!).

⇨ *So funktioniert es:*

- Informieren Sie die Eltern über Anrufe, die Sie mit Ihnen führen wollen. Am besten geben Sie dem entsprechenden Schüler eine Information über den geplanten Zeitpunkt des Anrufs mit nach Hause (mündlich oder ins Heft diktiert).
- Wählen Sie als Zeitpunkt für den Anruf einen für beide Seiten günstigen Zeitpunkt (Abendanrufe und Anrufe während der Mittagszeit vermeiden).
- Konzentrieren Sie sich während des Gesprächs auf Ihren Gesprächspartner (nicht gleichzeitig essen, fernsehen, andere Notizen lesen).
- Versuchen Sie, die wenigen nonverbalen Information aufzunehmen, die Ihnen ein Telefonat wahrzunehmen ermöglicht (Lautstärke der Sprache, Sicherheit im Umgang mit der Sprache, Gefühlsregungen, Untertöne usw.).
- Reagieren Sie auf Ihre Wahrnehmungen im nonverbalen Bereich. Ihr Ziel: Eine entspannte Gesprächsatmosphäre.
- Spiegeln Sie Ihr Gegenüber durch reflektierendes Zuhören!
- .... im Übrigen verfahren Sie so wie an Elternsprechtagen.

⇨ *Was sonst noch wichtig ist:*

- Prüfen Sie, ob Sie Ihre Telefonnummer den Eltern überhaupt nennen wollen.
- Legen Sie bei Bedarf fest, wann Sie (auch in Notfällen) angerufen werden möchten.
- Besprechen Sie die Regularien in der Klasse bzw. im Kurs.
- Vor allem als Klassenlehrer: Informieren Sie die Eltern über die Regeln (z. B. durch Rundschreiben, durch Diktat in die Hefte der Schüler oder durch ein Informationsblatt im Rahmen einer Sitzung der Klassenpflegschaft).
- Führen Sie Gespräche mit Eltern am Telefon nur dann, wenn und wann Sie dies wollen.

3.5.3. Pausengespräche mit Schülern

⇨ *Worum geht es?*

Schüler sprechen Lehrer oft in Pausen an. Umgekehrt wollen auch Lehrer in Pausen mit Schülern sprechen. Dabei geht es um ganz Unterschiedliches, oft Banales, Organisatorisches und Spaßiges. Manchmal wollen Schüler in diesem Rahmen aber auch Probleme loswerden. Dieses Bedürfnis von anderen zu unterscheiden ist nicht einfach, aber nötig. Nur um diese Gesprächsbedürfnisse geht es hier.

⇨ *So funktioniert es:*

- Vermeiden Sie in jedem Fall Problemgespräche zwischen Tür und Angel.
- Zeigen Sie Interesse an dem Vertrauen, das Ihnen der Schüler entgegenbringt (Türöffner).
- Spiegeln Sie das Problem oder (zunächst nur) den Umstand, dass es ein Problem gibt.
- Klären Sie, ob der Schüler ein Gespräch über das Problem wünscht.
- Vereinbaren Sie einen Gesprächstermin.
- Verfahren Sie dann so, wie bei jedem psychologischen Beratungsgespräch.

⇨ *Was sonst noch wichtig ist:*

- Informieren Sie die Schüler darüber, wann man Sie in der Schule ansprechen darf.
- Beschreiben Sie zeitliche und formale Regeln und Grenzen, die die Schüler dabei einhalten sollen.

3.6. Selbstentfaltung und soziale Verantwortung

Eine Struktur von psychologischen Beratungsgesprächen im Kopf zu haben ist für den Lehrer wichtig. Gesprächstechniken sollte er (durch stete Übung) verinnerlicht haben. Darüber hinaus nützlich sind Interventionen und Settings, die Schülern inhaltlich Orientierung geben. Die folgenden vier Möglichkeiten kann man im Rahmen der Einzelfallhilfe nutzen, sie eigenen sich aber auch als **Maßnahmen für ganze Gruppen**. In diesem Kontext dienen sie einmal dazu, das **Potenzial zur Selbstverwirklichung** der Schüler zu **aktivieren;** weiterhin stärken die Maßnahmen die Fähigkeiten der Schüler, die **soziale Bedeutung ihres Verhaltens** zu **reflektieren** und zu beachten. Viele Schulen organisieren spezielle Workshops, Trainings oder Projekttage zum sozialen Lernen. In diesem Rahmen lassen sich die folgenden Übungen gut anwenden. Wir haben die Übungen für einen solchen Kontext vorbereitet. Im Einzelnen geht es um Übungen zu diesen Aspekten:

Ziele prüfen	• Die Frage: Wie können Schüler lernen, mit ihrer sozialen Umwelt verträgliche Lern- und Lebensziele zu formulieren?
Urteile überdenken	• Die Frage: Wie können Schüler lernen, ihre Urteile über sich und ihre soziale Umgebung zu überdenken?
Umdeuten lassen	• Die Frage: Wie können Schüler lernen, den Nutzen eines sozial ungünstigen Verhaltens aufzugeben?
Werthaltungen ordnen	• Die Frage: Wie können Schüler lernen, ihre Werthaltungen sozial verträglich zu orientieren?

3.6.1. Persönliche Ziele prüfen

Wir alle haben Ziele im Leben, viele davon erreichen wir, manche nicht. Was unterscheidet erreichbare Ziele von nicht erreichbaren? Vernünftige Lern-, Arbeits- und Lebensziele haben bestimmte Eigenschaften:

- ❑ Ziele müssen für den betreffenden Menschen attraktiv sein!
- ❑ Ziele müssen immer positiv formuliert sein! Also: *„Ich möchte gelassen sein.“* statt *„Ich will nicht mehr so angespannt sein.“*
- ❑ Ziele müssen von dem Zielgeber selbstinitiiert sein!
- ❑ Ziele müssen in Teilziele zerlegt sein.
- ❑ Ziele müssen ohne fremde Hilfe und ohne das Eintreten zufälliger Ereignisse erreichbar sein. Also: *„Ich möchte heute X erreichen.“* Statt *„Ich kann irgendwann X erreichen, wenn mir Z hilft.“*
- ❑ Ziele müssen aus eigener Kraft und allein mit Hilfe eigener Ressourcen erreichbar sein.
- ❑ Der Weg zum Ziel muss klar sein.
- ❑ Der Ratsuchende muss seine Zielvorstellung in seiner realen Lebenssituation dauerhaft umsetzen können.

Auf das erste, das zweite und das letzte Kriterium gehen wir genauer ein:

Attraktivität von Zielen

Wie bewegt man einen Esel von der Stelle? Richtig: Man hält ihm eine Möhre vor die Nase. Attraktive Zielvorstellungen sind die Möhren des Veränderungsprozesses. Menschen bewegen sich erst dann auf Ziele zu, wenn sie diese hinreichend attraktiv erleben können. Je attraktiver ein Ziel für jemanden ist, desto größer ist seine Bereitschaft, für das Erreichen des Ziels „Opfer" zu bringen. Natürlich spielt hier auch der Leidensdruck eine Rolle, der für einen Menschen im Blick auf sein Problem besteht. **Je geringer der Leidensdruck, desto attraktiver muss ein Ziel sein, wenn es überhaupt handlungsbestimmend werden soll.**

Wodurch werden Ziele attraktiv? Die Attraktivität von Zielvorstellungen korrespondiert mit den Wunschvorstellungen der Personen, die die Ziele entwickeln. **Eine hohe Attraktivität hat ein Ziel etwa dann, wenn man sich sowohl von dem Erreichen des Ziels als auch von den Folgen des Zielzustands gute Gefühle versprechen kann.** Eine Prüfung mit Auszeichnung zu bestehen kann als Ereignis selbst von Belang sein: Das Bestehen der Prüfung stärkt unmittelbar das Selbstwertgefühl des Kandidaten. Zudem hat der Geprüfte auch in Folge etwas von der erfolgreich bestandenen Prüfung: Er kann sich in einem sozialen und ökonomischen Umfeld bewerben, das ihn mit einem weniger guten Abschluss nicht eingestellt hätte. Für den Berater bedeutet dies: Die Ziele von Schülern sollten möglichst in zwei Ebenen attraktiv sein: **Die Zielvorstellungen sollten Selbstzweck sein und zugleich Perspektiven eröffnen.**

Ziele haben einen strukturellen „Nachteil": Der Zielzustand ist in der Gegenwart des betreffenden Menschen noch nicht real sind. **Die Attraktivität des Ziels wird aber dann besonders intensiv empfunden, wenn der Zielzustand eingetreten ist.** Wie kann ich als Lehrer diese Attraktivität der Zukunft in die Gegenwart holen? Durch Visualisierung! Die folgende Übung zeigt, wie es geht. In unserem Beispiel möchte der Schüler lernen, Lernergebnisse vor einer Gruppe besser als bisher zu präsentieren. Bislang hat ihn diese Aufgabe geängstigt.

Profitipps

- Der Inhalt der Übung ist austauschbar. Nutzen Sie die Inhalte, die in Ihrer Lerngruppe bedeutsam sind.

- Geben Sie die Anweisungen der gesamten Gruppe. Achten Sie dabei auf das Sprechtempo.
- Geben Sie den Schülern genügend Zeit für die Umsetzung der einzelnen Anweisungen.
- Je nach Alter der Schüler sind zur Bewältigung der Übung zusätzliche Hilfen sinnvoll. Man kann die Übung auch in zwei oder drei Abschnitten durchführen.
- Jede Übung müssen Sie gemeinsam mit den Schülern besprechen und auswerten. Überlegen Sie sich geeignete Auswertungsfragen.
- Gehen Sie bei der Auswertung nach dem Prinzip des kooperativen Lernens vor. So fördern Sie auch über das methodische Vorgehen die soziale Kompetenz Ihrer Schüler (vgl. Kliebisch / Meloefski 2009d).

⇨ Übung: Besser präsentieren

1. Schritt: Entspannen Komm zur Ruhe .... Schließ deine Augen und atmet langsam tief ein und aus.
2. Schritt: Zielzustand vorstellen Stelle dir vor, Du wärest bereits am Ziel: Du bist ein Top-Redner! Mache dir ein klares Bild davon, wie es ist am Ziel zu sein. Du betrachtest dieses Bild als Zuschauer. Das Bild zeigt dich als einen Menschen mit vielen Fähigkeiten. Dieser Mensch kann seine Ziele leicht erreichen
3. Schritt: Nutzen ermitteln / Veränderungswillen erfragen Nimm an, du wärst jetzt bereits am Ziel. Was alles würdest du gewinnen? Wie würde sich dein Leben positiv verändern?
4. Schritt: Ziel anziehen Stelle dir vor: Dein Zielbild liegt dort auf dem Stuhl wie ein Pullover. Ziehe das Bild wie einen Pullover über den Kopf; ziehe das Bild vollständig an, bis du das Gefühl hast, vollkommen assoziiert zu sein. Du musst spüren, wie der Pullover auf deiner Haut liegt.
5. Schritt: Überbrücken in die Zukunft Denke an mehrere Situationen in der Zukunft, morgen, vielleicht nächste Woche, in denen du wieder vor einer Gruppe reden musst. Gehe in die Situationen hinein, erlebe sie von innen. Lass dich überraschen, was du tun wirst.

Formulierung von Zielen

„Denken Sie jetzt nicht an einen rosa Elefanten." Natürlich haben Sie jetzt an ein solches Tier gedacht; denn unser Gehirn kann mit Negationen nichts anfangen. In unserem Fall geht es so vor:

- Zunächst denkt man an einen Elefanten.
- Dann versucht man, sich diesen Elefanten rosa vorzustellen.
- Jetzt erst bemüht man sich, das vor dem inneren Auge entstandene Bild zu löschen, also nicht an den rosa Elefanten zu denken.
- Und: Das Löschen funktioniert meist nicht (vollständig), zumindest nicht sofort.

Die Gefahr negativ formulierter Anweisungen und Ziele liegt in deren Selbstverwirklichung: Ein Schüler möchte keine Seitengespräche mehr führen, tut es aber doch, weil er sich erst an die Seitengespräche erinnern muss, um diese dann nicht mehr zu führen. Die Erinnerung an die Gespräche motiviert aber zum Sprechen, weil man mit den Gesprächen ein positives Gefühl verbunden hat. Anders: Die negative Zielformulierung macht es dem Schüler schwerer, das Ziel zu erreichen. Denn der Schüler muss beim Abrufen der Zielvorstellung jedes Mal die positiven Gefühle überwinden, die er mit dem Verhalten verbindet, das er nicht mehr zeigen möchte. Ziele sollten daher positiv formuliert werden. Als Lehrer kann man Schülern helfen, ihre eigenen Ziele zu formulieren, und zwar positiv. **Wohlgeformte Zielformulierungen** beinhalten dies:

- Sie sind Ich-Botschaften: „Ich ...."
- Sie erwähnen den Prozess, der zum Ziel führt: „Ich kann lernen, ..."
- Sie beschreiben den Zielzustand positiv und konkret: „Ich kann lernen, dreimal in der Woche jeweils eine Stunde Sport zu treiben."

⇨ Übung: Handlungsziele bestimmen

Geben Sie den Schülern die nötigen Informationen zur Wohlgeformtheit von Zielformulierungen und danach das folgende Arbeitsblatt.

Prüfe die links stehenden Zielformulierungen auf Wohlgeformtheit. Mache in der rechten Spalte bei Bedarf Änderungsvorschläge.

Ich werde nicht mehr Rad fahren.	
Ich kann mich entspannen.	
Man sollte am Abend nicht so spät zu Bett gehen, damit man morgens ausgeschlafen ist.	
Ich will mich mehr im Unterricht beteiligen.	
Ich möchte am Ende des Schuljahres keine Fünf mehr auf dem Zeugnis haben.	
Es ist wichtig, täglich zu lernen.	

Lassen Sie die Schüler anschließend persönliche Ziele formulieren. Denken Sie an die Auswertung der Übung:

⇨ Übung: Arbeitsziele formulieren

Denke an dein Arbeitsverhalten. Welche Probleme hast du beim Lernen und beim Organisieren deiner Arbeit? Schreibe auf, was dir dazu einfällt.
Wähle das Problem aus deiner Liste oben aus, das du am leichtesten lösen könntest. Beschreibe, warum dieses Problem so leicht zu lösen ist.

Formuliere dein Ziel, das du im Blick auf das Problem erreichen möchtest. Denken an die Merkmale guter Zielformulierungen.

Realistische Ziele

Die Attraktivität einer Zielvorstellung hilft, ein Ziel zu erreichen. Unrealistische Ziele aber erreicht man trotz hoher Attraktivität nicht. Im Blick auf die Realitätsnähe ihrer Ziele machen viele Menschen Fehler: Sie wollen mehr, als ihre Ressourcen ermöglichen. Für Schüler ein typisches Verhalten! Ein Scheitern auf dem Weg zum Ziel ist vorhersehbar. Misserfolge führen aber meist schnell zur Resignation. Man kann als Lehrer leicht prüfen, inwieweit ein Schüler seine Ziele auch erreichen kann. Der **Ökologie-Check** hilft dabei. Mit dem Ökologie-Check betrachtet man die Zielvorstellung aus unterschiedlichen Perspektiven und ermittelt so mögliche Probleme bei der Umsetzung und beim Aufrechterhalten des Zielzustands (vgl. Grochowiak 2007). Lassen Sie Schüler dazu den folgenden Prozess durchlaufen:

- Stelle dir vor, du wärst schon am Ziel. Du hast erreicht, was du möchtest. Was spräche gegen diese Entwicklung? Welche Einwände könnten Menschen haben, die dich am Ziel sehen? Nenne mindestens drei Einwände.
- Wie kannst du mit den Einwänden umgehen? Welche Ressourcen stehen dir zur Verfügung, die Schwierigkeiten zu überwinden? Welche Erfahrungen hast du aus früherer Zeit mit denselben Schwierigkeiten?

Bestimmte Einwände werden nach dem Ökologie-Check hinfällig: Der Schüler erkennt, dass er die Einwände beherrschen kann. Frühere Erfahrungen und seine Ressourcen machen dies glaubhaft. Folge: Das Ziel muss man nicht überdenken. Anders bei den **Einwänden, die ganz oder teilweise als Problem bestehen bleiben.** Für diese Einwände charakteristisch ist:

- Der Schüler möchte sich mit dem Einwand nicht wirklich beschäftigen.
- Der Schüler hat die Erfahrung aus früheren Situationen seines Lebens, mit dem Problem gar nicht oder nur teilweise fertig geworden zu sein.
- Der Schüler malt sich den Einwand in besonders drastischen Farben aus und hat großen Respekt vor den Problemen, die mit dem Einwand verbunden sind.

- Der Schüler glaubt, nach Erreichen des Ziels werden andere Menschen ungünstig auf ihn reagieren.
- Der Schüler traut sich notwendiges Lernen bzw. eine notwendige Verhaltensänderung nicht zu, was aber Voraussetzung für das Erreichen des Ziels wäre.

Man weiß in solchen Fällen: Das Ziel ist (zumindest für den jetzigen Zeitpunkt) zu weit gesteckt. **Das Ziel muss verändert werden.** Grundsätzlich bedeutet dies immer, Zielformulierungen einzuschränken und damit weiter zu konkretisieren. Hier einige Beispiele dieses Vorgehens:

Vorher	***Nachher***
„Ich möchte mehr arbeiten."	„Ich möchte montags eine Stunde mehr für Mathe tun."
„Ich will in Ihrem Unterricht nicht mehr quatschen."	„Ich möchte montags in der ersten Stunde keine Seitengespräche mehr führen."
„Ich will jetzt immer meine Hausaufgaben machen."	„Ich möchte für das Fach Englisch mindestens zweimal in der Woche meine Hausaufgaben machen."
„Ich will mich im Unterricht mehr beteiligen."	„Im Englischunterricht möchte ich mich pro Stunde mindestens einmal melden. Ich möchte dies einen Monat lang probieren."
„Ich möchte nicht mehr zu spät kommen."	„Ich möchte ab nächster Woche jeweils Montag und Dienstag pünktlich um acht Uhr morgens in der Schule sein. Dies werde ich vier Wochen lang ausprobieren."

Schüler tun sich oft schwer, geeignete Zielformulierungen zu entwickeln. Ihnen fehlen sowohl die nötige Sprachkompetenz als auch die Fähigkeit zur realistischen Einschätzung des Machbaren. Sie neigen häufig zur Selbstüber- oder Selbstunterschätzung. Eine Veränderung von Zielformulierungen ist daher meist nur über mehrere Schritte möglich. Nach jedem Teilschritt initiiert der Lehrer erneut den Ökologie-Check und nähert sich so zusammen mit dem Schüler einem realistischen Zielbild an.

⇨ Übung: Arbeitsziele konkretisieren

Denke an dein Problem mit deinem Arbeitsverhalten. Du hast zu diesem Punkt schon ein persönliches Ziel formuliert. Welche Schwierigkeiten könnten dich auf dem Weg zum Ziel behindern? Notiere hier die beiden größten Schwierigkeiten, die dir einfallen.
Beantworte zu jeder der beiden Schwierigkeiten diese Fragen: ○ Inwieweit glaubst du mit dem Problem umgehen zu können? ○ Welche früheren Erfahrungen sprechen dafür, dass deine Einschätzung stimmt? ○ Wie weit wird dich das Problem hindern, dein Ziel zu erreichen?

3.6.2. Soziale Bewertungen verändern

Probleme bleiben oft deshalb Probleme, weil wir uns „falsch" an sie erinnern. Solche falschen Erinnerungen produzieren Gefühle und Empfindungen, die mit „falschen" Gedanken und Überzeugungen verknüpft sind. Besonders die Gefühle sind unbehaglich und signalisieren uns die Probleme. Diese Struktur aus Denken, Fühlen und Empfinden ist sehr stabil; Menschen können sie selbst dann nur schwer durchbrechen, wenn sie die Struktur durchschauen und verändern wollen. Erfolgreiche Beratung muss Einfluss gewinnen auf diese Bewertungsstruktur, die sich der Ratsuchende zu dem Problemereignis aufgebaut hat. **Erst eine veränderte Bewertung schafft oft den Leidensdruck, der Voraussetzung für die Veränderungsmöglichkeit ist.**

Menschen können Ereignisse aus drei Perspektiven erinnern (vgl. u. a. Bandler 2006):

- **Assoziiert**
- **Du-orientiert**
- **Dissoziiert**

Unser **Gehirn** hat gewöhnlich auf ein **Automatikprogramm der Erinnerung** geschaltet: assoziiert erinnern wir zunächst zeitlich kurz zurückliegende Ereignisse und solche, die mit intensiven Gefühlen verknüpft sind. Anders bei gefühlsmäßig neutralen Ereignissen und Ereignissen, die weit zurückliegen. Solche Ereignisse erinnern wir meist dissoziiert. Außerdem ermöglicht uns das Gehirn bei gegenwärtigen und vergangenen Ereignissen eine du-orientierte Erinnerung; von unserer Sozialisation und von der Beziehung zu unseren Kommunikationspartnern hängt es ab, inwieweit wir die du-orientierte Perspektive einnehmen.

Eine **assoziierte Erinnerung** führt zu einer starken gefühlsmäßigen Beteiligung. Die Gefühle werden wieder belebt, die man mit dem Ereignis abgespeichert hat. In vielen Fällen sind diese Gefühle (fast) noch einmal so intensiv, wie sie damals waren, als das Ereignis stattfand. Je intensiver die ursprünglichen Gefühle waren, desto intensiver werden sie in einer assoziierten Erinnerung reaktiviert.

Wir erinnern assoziiert, indem wir uns in das vergangene Ereignis zurückversetzen; wir erleben es dann genau so, als ob es jetzt stattfände: Wir nehmen das Ereignis mit unseren eigenen Sinnen wahr. Aus dieser Perspektive können wir das Geschehene nicht bewerten; wir sind der Erfahrung ausgeliefert. Sich assoziiert zu erinnern ist durchaus vorteilhaft, wenn es sich um eine positive Erinnerung handelt. In diesem Fall führt die intensive Gefühlsbeteiligung zu einem Anschwellen positiver Empfindungen; dies erlebt man im Allgemeinen als angenehm. Anders bei negativen Erfahrungen: Die Konsequenzen sind unangenehm, wenn jemand negative Erfahrungen assoziiert erinnert. Auch hier entsteht eine starke gefühlsmäßige Beteiligung; es werden allerdings negative Gefühle wiederbelebt. Dies ist für den betreffenden

Menschen unvorteilhaft. **Probleme mit Leidensdruck erinnern wir stets assoziiert.**

Die **du-orientierte Erinnerung** ist mit dem Einfühlen in einen anderen Menschen vergleichbar. Wir versetzen uns in seine Welt und übernehmen seine Wahrnehmungsfilter. **Wir erleben die Welt sozusagen mit den Sinnen eines anderen Menschen.** Je nach dem, in wen wir uns versetzen, werden wir unterschiedliche Veränderungen im Blick auf unsere eigene Wahrnehmung des Problems bemerken. Aus der Perspektive des Anderen können wir durch die Differenz zu unserer eigenen Wahrnehmung des Ereignisses auch erst Ansätze zur Bewertung des vergangenen Ereignisses formulieren. *„Aus der Sicht des Anderen hätte ich eigentlich ....“* Dennoch: Auch aus dieser Perspektive bleibt die Sicht auf die Vergangenheit eingeschränkt, das Problem kann nicht hinreichend analysiert werden. Aber es tritt durch die neue und zusätzliche Perspektive eine erste Entlastung ein: *„Man kann die Dinge auch anders sehen.“*

Eine **dissoziierte Erinnerung** ist mit einer weiteren Wahrnehmungsperspektive verbunden: **Dissoziation in der Wahrnehmung bedeutet eine Beobachterposition einzunehmen** ähnlich einem Kinobesucher, der einen Film von einem erinnerten Ereignis auf der Leinwand beobachtet. Die Beobachterposition schafft Abstand zwischen dem Beobachter und dem Ereignis; wir gewinnen eine neue Perspektive und können das Ereignis mit anderen Augen sehen. Dieser Perspektivenwechsel führt zu einer distanzierten, in gewissem Sinne objektiven Schau der Dinge und damit letztlich auch zu einer neuen Bewertung des Ereignisses.

In dieser Beobachterposition stehen uns besondere Fähigkeiten zur Verfügung: Wir können das vergangene Ereignis modellieren, indem wir den Ereignisfilm nach unseren Bedürfnissen verändern. Wir werden zum Regisseur unserer eigenen Vergangenheit und können diese neu gestalten. Erst als Regisseur unserer Bilder können wir auf unsere Ressourcen zurückgreifen und diese zur Lösung unseres Problems in die Problemsituation integrieren. Damit bereiten wir die Veränderungen für die Zukunft vor. Die dissoziierte Position ermöglicht außerdem eine Verarbeitung dessen, was wir assoziiert und du-orientiert erinnern.

Schüler berichten in der Regel assoziiert über die Erfahrungen, die mit einem Problem zusammenhängen. Der Lehrer sollte versuchen, die Beobachtungsperspektive des Schülers zu verändern. Je nach Lage der Dinge kann der Lehrer die du-orientierte oder die dissoziierte Perspektive anstreben. Dies muss nicht nacheinander geschehen; insbesondere bei emotional belastenden Erfahrungen sollte der Lehrer unmittelbar in die Dissoziation wechseln lassen. **Bei jüngeren Schülern ist oft die du-orientierte Perspektive als Übergangsperspektive nützlich.** Diese Schüler können sich bei Bedarf in ihre Eltern, gute Freunde, mitunter aber auch in die Rollen von Haustieren, Kuscheltieren oder Comicfiguren versetzen und das Ereignis aus der neuen Perspektive anschauen. *„Was würde dein Hund Waldi dazu sagen?"* könnte in diesen Fällen eine einleitende Frage sein. **Durch das Verändern der Beobachtungsperspektive kann man die ichbezogene Sicht zugunsten der sozialen Dimension aufheben.**

Folgende Übung zeigt, wie man eine Dissoziation initiiert.

Hinweis:
Zur vollständigen Umsetzung der Übung brauchen Sie Hinweise aus dem vorangegangen Abschnitt „Ziele prüfen“ und aus dem folgenden „Umdeuten lassen“. Lesen Sie bitte auch dort nach. Sie können die Übung aber auch nach dem zweiten Schritt beenden und auswerten.

⇨ Übung: Perspektive ändern

1. Schritt: Ereignis erinnern
Denke an das belastende (problematische ...) Ereignis, von dem du gerade erzählst / erzählt hast.

2. Schritt: Dissoziieren

Stelle dir dies vor: Du sitzt in einem Kino, in der zehnten Reihe. Und auf der Leinwand siehst du jetzt das unangenehme Ereignis als Film ablaufen. Du kannst dich in dem Film selbst sehen. Du siehst, wie du damals gehandelt hast. Und du kannst hören, was du damals gehört hast.

Hinweis:

Bei sehr belastenden Ereignissen oder schlechter Konzentration können manche Schüler die Dissoziation nicht aufrecht erhalten. Helfen Sie Ihnen mit dieser Fortsetzung der Intervention:

Steh jetzt in deiner Vorstellung auf; begib dich in die letzte Reihe des Kinos. Setz dich in die Mitte der letzten Reihe. Mach es dir bequem und schau dir den Film auf der Leinwand aus dieser Entfernung an. Was ändert sich? Kannst du den Abstand halten?

3. Beobachten

Beobachte deine Wahrnehmungen. <Zeit geben!>

<Folgende Fragen nacheinander (!) abarbeiten>

- Was hat sich gegenüber damals geändert?
- Wie fühlst du dich jetzt, wenn du das Ereignis aus dieser Distanz erlebst?
- Wie bewertest du dein Verhalten jetzt aus dieser Perspektive?

<Machen Sie sich Notizen und werten Sie diese anschließend im Gespräch aus.>

3. Alternativen entwickeln

Was würdest du heute anders machen als damals?

<Schreiben Sie die Alternativen auf.>

4. Alternativen auf Verträglichkeit prüfen (Ökologie-Check)

<s. Ziele prüfen>

5. Alternativen integrieren

<s. Umdeuten lassen>

3.6.3. Sichtweisen umdeuten

Schüler kommen zum Lehrer, weil sie eigenes Verhalten als störend empfinden. *„Ich beteilige mich (zu) wenig im Englischunterricht."* etwa kann Ausdruck eines solchen Störmoments sein. **Warum verhalten sich Menschen so, dass sie sich selbst schaden, obwohl sie wissen, dass sie sich schaden? Dies liegt an dem großen Nutzen, der mit dem schädlichen Verhalten verknüpft ist.** Sich nicht zu beteiligen „bringt für den Schüler etwas": Er muss weniger tun! Als störend wird dieses Verhalten erst dann empfunden, wenn es zum Beispiel zu Notenproblemen kommt oder das Verhalten sozial abgelehnt wird. Jetzt entsteht der nötige Leidensdruck. Und dieser Leidensdruck gerät innerpsychisch in eine Auseinandersetzung mit dem Nutzen, den der Schüler von seinem bisherigen Verhalten hat (vgl. Kliebisch / Meloefski 2009c).

Ein erster Schritt zur Lösung dieses internen Problems besteht darin, Verhalten und Nutzen, also Verhalten und Bewertung des Verhaltens zu trennen. Danach müssen weitere Beratungsschritte folgen. Die Trennung von Verhalten und Bewertung des Verhaltens gelingt gut mit einem Reframing in sechs Schritten (vgl. Bandler / Grinder 2005b). **Das Six-Step-Reframing hilft, die ich auf den persönlichen Nutzen ausgerichtete Sicht des Einzelnen zugunsten der sozialen Verträglichkeit seines Verhaltens aufzugeben. Dies ist die Voraussetzung für das Erlernen alternativen Verhaltens.**

Beim **Six-Step-Reframing** nimmt der Schüler mit Hilfe von Prozessinstruktionen Kontakt mit seinem Unbewussten auf. Beim Arbeiten mit dem Six-Step-Reframing geht man davon aus, dass Teile der Persönlichkeit den Schüler veranlassen zu tun, was er „eigentlich" nicht will. Dieser unbewusste Teil verfolgt eine positive, gute Absicht; das von dem unbewussten Teil der Persönlichkeit kreierte und als störend empfundene Verhalten muss daher im Grundsatz nützlich sein. Das störende Verhalten, in unserem Fall das Schweigen im Unterricht, ist demnach für mindestens einen Kontext als vorteilhaft anzusehen: Der Schüler hat sozusagen frei, während seine Mitschüler arbeiten müssen.

Die sechs Schritte des Reframings im Einzelnen:

1. Bestimmung des störenden Verhaltens	Welches eigene Verhalten erlebt die Person als störend?
2. Bestimmung des sekundären Gewinns	Welchen Vorteil hast du davon, dass du dich so verhältst?
3. Alternatives Verhalten ermitteln	Wie kannst du dich anders verhalten und dabei gleichzeitig den Vorteil bewahren?
4. Behandlung von Einwänden	Gibt es Einwände gegen die geplante Veränderung?
5. Integration des alternativen Verhaltens	Wie ist es, wenn du dich in deiner Problemsituation so verhältst, wie du es dir vorstellst?
6. Überbrücken in die Zukunft	Wann in der Zukunft könntest du wieder in eine entsprechend problematische Situation kommen?

Die folgende Übung zeigt ganz konkret, wie Sie das Six-Step-Reframing im Rahmen eines sozialen Trainings integrativ anwenden können. Unser Beispiel nimmt einen stillen Schüler an; er ist hinreichend intelligent, um die schulischen Anforderungen zu erfüllen. Aber der Schüler schafft es nicht, sich im Unterricht zu melden; denn er befürchtet, er werde dann versagen und die Mitschüler würden über ihn lachen.

Hinweis:

Vor der Anwendung des Reframings muss eine präzise und realistische Zielformulierung entwickelt werden. Andernfalls beenden Sie die Übung nach dem zweiten Schritt und werten Sie sie dann aus.

⇨ Übung: Stille Schüler motivieren – Six-Step-Reframing

1. Schritt: Problemverhalten „Schweigen im Unterricht" genau bestimmen
Bestimme genau das Verhalten, das du ändern willst! Erinnere auf möglichst allen Sinneskanälen eine Situation, in der du das Problemverhalten gezeigt hast, in der du also im Unterricht geschwiegen hast und dich das gestört hat.

- o Was genau siehst du jetzt?
- o Ist es ein Bild oder ein Film?
- o Ist es eher hell oder eher dunkel?
- o Bunt oder schwarzweiß?
- o Scharf oder eher unscharf?
- o Bist du noch einmal ganz in dem Ereignis drin oder siehst du es als Zuschauer von außen?
- o Was hörst du jetzt?
- o Was genau fühlst du jetzt wo in deinem Körper?
- o Wie intensiv sind diese Gefühle?

2. Schritt: Absicht und Verhalten trennen

Trenne Absicht und Verhalten!

- o Welche gute Absicht steckt hinter deinem Schweigen im Unterricht? *Oder:*
- o Welchen Vorteil könnte ein Mensch haben, der – wie du – in entsprechenden Situationen im Unterricht schweigt?

3. Schritt: Alternatives Verhalten / Alternative Eigenschaften suchen

Erkläre deine Bereitschaft zur Veränderung und suche nach Ressourcen!

- o Bist du bereit, auch neues Verhalten auszuprobieren, wenn dieses neue Verhalten dich auf angenehmere Art und Weise, aber ebenso effektiv zum Ziel bringt wie dein Schweigen im Unterricht?

Dann:

- o Hast du schon einmal in einer ähnlichen Situation (1. Schritt) nicht geschwiegen bzw. eine andere Eigenschaft zur Verfügung gehabt und warst damit ebenso erfolgreich wie mit deinem Schweigen und bist auf diese Weise sogar viel angenehmer zum Ziel gekommen? Wie genau hast du das gemacht? Ist dir das gleiche vielleicht auch noch in anderen Situationen gelungen?

4. Schritt: Verträglichkeit des alternativen Verhaltens prüfen!

- o Nimm an, du wirst in Zukunft dein bestes Verhalten einsetzen. Könnten sich daraus für dich irgendwelche Probleme ergeben? *Oder:*
- o Stelle dir vor, du wirst in Zukunft dein bestes Verhalten einsetzen. Erfinde mindestens drei Einwände gegen dieses Verhalten.

Dann:

- o Wie gehst du mit diesen Problemen / Einwänden um? Welche Verhaltens-

weisen / Eigenschaften hast du, die dir dabei helfen, mit diesen Problemen / Einwänden fertig zu werden?
5. Schritt: Neues Verhalten testen und integrieren Teste und integriere das neue Verhalten! o Gehe noch einmal in die Problemsituation (= 1. Schritt) hinein; nimm dann nacheinander jede deiner neuen Verhaltensweisen mit. Probiere aus, welches Verhalten dir am besten hilft, dein Ziel in der Situation zu erreichen. Gehe mit deinem besten Verhalten nochmals in die Problemsituation (= 1. Schritt) und stelle fest, ob du tatsächlich auf effektive und angenehme Weise zu deinem Ziel kommst. **Profitipps:** Dieser Schritt muss solange wiederholt werden, bis der Ratsuchende mit dem Ergebnis zufrieden ist. Im Falle bleibender Unzufriedenheit: ✓ Prüfen Sie die Zielformulierung. ✓ Prüfen Sie die Zielvorstellung auf Verträglichkeit (Schritt 4).
6. Schritt: In die Zukunft überbrücken Wann in der Zukunft könnte wieder eine Unterrichtssituation auftreten, in der du schweigen könntest. Stelle dir eine entsprechende Situation vor, gehe in sie hinein. Nimm dein bestes Verhalten mit. Prüfe, wie du dich verhalten wirst. **Profitipps:** Bei erfolgreicher Intervention wendet der Schüler in der Zukunftsvorstellung die erarbeiteten Ressourcen so an, dass das Problemverhalten in der Vorstellung nicht mehr gezeigt wird. So geht's weiter, wenn der Schüler dies nicht schafft: ✓ Prüfen Sie die Zielformulierung. Reduzieren Sie bei kleinsten Zweifeln den Anspruch an die Zielformulierung. Weniger ist hier oft mehr! ✓ Trennen Sie nochmals Absicht und Verhalten (Schritt 2). Achten Sie darauf, wie überzeugend dieser Schritt beim Ratsuchenden wirkt. ✓ Suchen Sie weitere (!) alternative Verhaltensweisen (Schritt 3). ✓ Prüfen Sie die neue Zielvorstellung auf Verträglichkeit (Schritt 4). ✓ Testen und integrieren Sie das neue Verhalten (Schritt 5). ✓ Wiederholen Sie dann Schritt 6.

3.6.4. Werthaltungen ordnen

Unser soziales Miteinander ist ohne Werte nicht denkbar. Die Bedeutung einzelner Werte ist mitunter strittig, die Notwendigkeit der Werte aber nicht. Die aktuellen Diskussionen über Lernen, Bildung und Erziehung zeigen: Vielen ist nicht klar, welche Werte die Erwachsenen an die Heranwachsenden weitergeben sollen. Aber alle wünschen: Werte sollen vermittelt werden, gerade auch in der Schule (vgl. dazu Latzko 2006; Standop 2005; Giesecke 2005). Soziales Lernen ist angewiesen auf klare und stabile Wertvorstellungen, sonst bleibt unklar, wie man „sozial“ verstehen soll. Hier liegt ein Dilemma: Ohne die ethische Grundüberzeugung des unterrichtenden Lehrers ist soziales Lernen nicht möglich. Gleichwohl können ethische Überzeugungen niemals den Rang von Naturgesetzen haben; sie sind abhängig von der historisch-gesellschaftlichen Situation der Menschen, die sie kreieren und die nach ihnen leben.

Menschen können nur zusammenleben, wenn sie sich gewissen Werten unterordnen (personale Kompetenz). Andernfalls würden sie wie Tiere leben und ihren Instinkten folgen. Menschsein bedeutet letztlich Werte zu haben, zu ihnen zu stehen und sie als Maxime des Lebens umzusetzen. Das Leben nach Werten zwingt zur Kontrolle des Tieres im Menschen und dient damit letztlich der Erhaltung der menschlichen Gemeinschaft. In einer offenen Gesellschaft wie der unsrigen führt soziales Lernen zum Erwerb sozial-kommunikativer Kompetenz; diese fördert ihrerseits die Entwicklung der menschlichen Gemeinschaft (s. Popper / Kiesewetter 2003).

Werte ändern sich; jede Generation muss Wert neu reflektieren und ihre eigenen Maßstäbe finden. Bei diesem Prozess werden Werte sowohl übernommen (tradiert) als auch modifiziert oder ganz neu kreiert. Das Bewusstsein für Werte ist wichtig; das Vermitteln von Werthaltungen aber ebenso. Die beiden folgenden Interaktionsspiele helfen dabei.

⇨ Interaktionsspiel: Werte-Pyramide

- *Lassen Sie Gruppen zu vier bis sechs Schülern bilden.*
- *Jeder Schüler erhält die folgende Werteliste.*

Zuerst:

Einzelarbeit; 5 Minuten

Aufgabe:

- ✓ Hier ist eine Liste von 24 Werten. Die Liste ist alphabetisch geordnet. Du darfst die Lister ergänzen, falls wichtige Werte fehlen. Ordne die Werte nach Ihrer Bedeutung für dein Leben.

Ausdauer	Geschick	Nahrung
Beruf	Glaube	Reichtum
Familie	Gleichheit	Selbstständigkeit
Fantasie	Glück	Sicherheit
Freude	Hoffnung	Treue
Frieden	Leben	Verantwortung
Gelassenheit	Liebe	Vernunft
Gerechtigkeit	Mut	Vertrauen

Dann:

Gruppenarbeit (20 – 30 Minuten):

- ✓ Sprecht über eure Wertelisten. Erklärt den Gruppenmitgliedern: Welche Werte habt ihr auf die ersten drei Plätze gesetzt? Und warum habt ihr so entschieden?

Anschließend:

Ihr sollt die 24 Werte neu anordnen. Dazu nutzt ihr die Pyramide. Auf jeder Ebene der Pyramide dürfen höchstens zwei Werte stehen. Die Ebene A der Pyramide gibt dem Wert eine höhere Bedeutung als zum Beispiel die Ebene C. Ihr müsst euch auf die Anordnung einigen. Schreibt eure Begründung für die Anordnung auf.

Danach:

Präsentation und Auswertung im Plenum.

Dann:

Vergleich der eigenen Werte-Pyramiden mit der Bedürfnis-Hierarchie von Abraham Maslow: Motivation und Persönlichkeit (2002).

Dazu können diese Fragen als Anregung dienen:

- ✓ Maslows Begriffe sind sehr allgemein formuliert: Was genau versteht ihr zum Beispiel unter Zugehörigkeit oder Liebe?

- ✓ Ihr habt heute Werte-Pyramiden entwickelt. Welche Bedürfnisse gehören wohl zu welchen Werten?
- ✓ Wie beurteilt ihr die Bedürfnis-Hierarchie? Was haltet ihr von der Reihenfolge? Und in welchem Zusammenhang stehen wohl zwei in der Pyramide über- oder untereinander stehende Bedürfnisse?

Auswertung des Spiels

- ✓ Wie leicht bzw. schwer ist es euch gefallen, Werte zu finden, die ihr für euch als wichtig anseht?
- ✓ Wie kommt ihr zu den Begründungen für diese Wichtigkeit?
- ✓ Wie stark weichen eure Wertvorstellungen von denen anderer in der Klasse / im Kurs ab?
- ✓ Wie empfindet / beurteilt ihr diese Abweichungen?
- ✓ Welche Schlüsse zieht ihr aus diesen Werte-Differenzen?

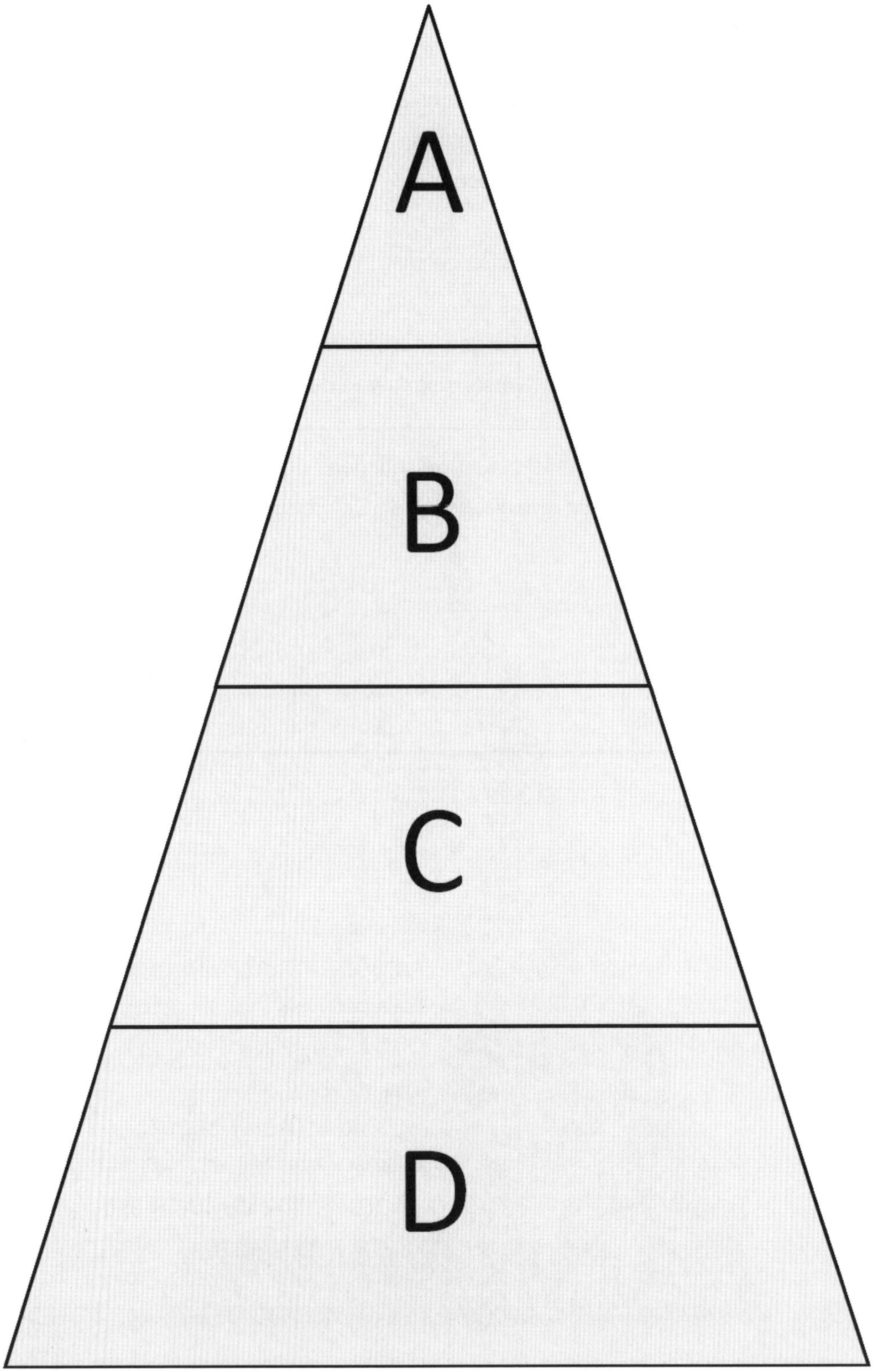
A
B
C
D

⇨ Interaktionsspiel: Rollenwerte

- *Lassen Sie Gruppen zu vier bis sechs Schülern bilden.*
- *Jeder Schüler erhält das folgende Arbeitsblatt.*

Ablauf:

Aufgaben:

✓ Welche Werte vertreten die genannten Personen aus deiner Sicht an erster Stelle. Notiere für jede Person jeweils einen Wert in der dafür vorgesehenen Spalte (Einzelarbeit, 5-7 Minuten).

✓ Durch welchen Gegenstand des Alltags lassen sich die notierten Werte symbolisieren. Schreibt die Begriffe für diese Gegenstände zusätzlich die entsprechende Spalte des Aufgabenblattes (Einzelarbeit 2-3 Minuten).

Danach (auch als Hausaufgabe):

✓ Besorgt die Alltagsgegenstände, die ihr den Werten zugeordnet habt (Einzelarbeit).

Dann: (Gruppenarbeit, 15-25 Minuten)

Sprecht darüber, welche Werte ihr den Personen zugeordnet habt. Erklärt den anderen Gruppenmitgliedern: Warum habt ihr gerade diese Werte gewählt? Einigt euch dann bitte bei drei der Personen auf einen obersten Wert, den diese Personen vertreten sollten. Begründet eure Entscheidung. Bringt die Alltagsgegenständen zu diesen Werten mit ins Plenum.

Danach:

Präsentation und Auswertung im Plenum (einschl. Erklärung, warum die entsprechenden Alltagsgenstände die Werte symbolisieren); ⇨ Problematisierung des Zusammenhangs zwischen Werten und ihren Symbolen

Anschließend:

Impuls: Ihr habt schon mal gehört: Angeblich gibt es typisch männliche und typisch weibliche Werte.

✓ Was haltet ihr davon?

✓ Inwieweit sind euch solche geschlechtsspezifischen Werte schon begegnet (⇨ Werbung)?

✓ Inwieweit spiegeln sich männliche und weibliche Werte in euren Wertelisten wieder?

Abschließend:

- ✓ Wie leicht bzw. schwer ist es euch gefallen, den Personen auf dem Arbeitsblatt typische Werte zuzuordnen?
- ✓ Wie leicht bzw. schwer ist es euch gefallen, den Werte Symbole zuzuordnen?
- ✓ Welche Werte aus der Liste möchtet ihr auch für euch verwirklichen?
- ✓ Wie groß waren die Übereinstimmungen zwischen euren Wertelisten?
- ✓ Welche Einstellung habt ihr zu den Werten, die ihr am häufigsten genannt habt?
- ✓ Welche Einstellungen zu diesen Werten habt ihr bei anderen Menschen kennen gelernt?

Pilot
Wissenschaftler
Politiker
Eltern

Ärztin
Lehrerin
Popstar

3.7. Arbeitsanregungen

Sozial-kommunikative Kompetenz

Stellen Sie sich einem Kollegen gegenüber so auf, dass Sie seine Handinnenflächen berühren. Schließen Sie beide Augen. Welche Erfahrung machen Sie? Notieren Sie alle Wahrnehmungen, die Ihnen auffallen. Interpretieren Sie die Wahrnehmungen anschließend.

Sie wollen in Ihrer Schule eine Podiumsdiskussion mit externen und internen Teilnehmern durchführen. Bilden Sie Organisationsteams, die gegeneinander antreten. Notieren Sie Organisationsschritte:

Machen Sie sich Notizen zu folgenden Fragen: Wie sehe ich mich? Wie sehen mich andere? – Besprechen Sie die Ergebnisse mit einer vertrauten Person.

Lassen Sie sich von einer Person führen. Schließen Sie dabei die Augen. Notieren Sie anschließend ihre Beobachtungen. – Wechseln Sie die Rollen. – Besprechen Sie Ihre Erfahrungen danach mit Ihrem Partner.

„Konflikte zwischen Gruppenmitgliedern behindern die Arbeit.“ *und* „Konflikte sind die einzige Chance zur Entwicklung.“ – Nehmen Sie Stellung zu diesem Thesenpaar.

Nennen Sie Phasen oder Situationen im Unterricht, die für eine Metakommunikation geeignet sind.
Welche Ziele sind Ihnen bei einer Metakommunikation wichtig?
Wie führen Sie eine Meta-Kommunikation?
Worauf müssen Sie dabei achten?

Jungen brauchen wegen ihres Aggressionspotenzials in bestimmten Altersstufen eine besondere Förderung. Nennen und beschreiben Sie Bausteine eines Anti-Aggressionstrainings.

Viele Schulen unternehmen auch eine spezielle Förderung von Mädchen. In welchen Bereichen macht dies Sinn? Welche Maßnahmen würden Sie ergreifen? Begründen Sie diese Maßnahmen.	
Erläutern Sie mit Blick auf soziales Lernen das Vier-Ohren-Modell Schulz von Thuns. Wählen Sie als Beispiel eine Unterrichtssituation.	
„Man kann nicht nicht kommunizieren". Was bedeutet dieses Kommunikationsaxiom P. Watzlawicks für die Dimension soziales Lernen?	

Die Beziehungsebene bestimmt die Sachebene. Interpretieren Sie dieses Axiom mit Blick auf soziales Lernen.	
Wie symmetrisch kann eine Schüler-Lehrer-Interaktion sein? Was bedeutet ihre Antwort mit Blick auf Chancen und Grenzen sozialen Lernens?	
„Man kann nicht nicht interpretieren.“ Inwieweit stimmen Sie der These zu? Was bedeutet ihre Antwort für die Möglichkeit sozialen Lernens?	
Wie wichtig finden Sie bei Schülern sozial-kommunikative Kompetenzen im Vergleich zu fachlich-methodischen?	

Sie sollen ein Kommunikationstraining für eine Klasse 8 entwickeln.
Welche zehn Übungen schlagen Sie vor?
Welche Ziele sozialen Lernens können Sie mit den Übungen verfolgen?

Bildnachweis: S. 145 + 184: Gerd Altmann@pixelio.de

4.

Unterrichts-besuch

„Methodisches Handeln des Lehrers besteht aus der Inszenierung des Unterrichts durch die zielgerichtete Organisation der Arbeit, durch soziale Interaktion und sinnstiftende Verständigung mit den Schülern."

(Hilbert Meyer)

4.1. Beurteilungsaspekte (Ausbildung)

Unterrichtsbesuche z. B. durch Seminarausbilder „dienen der Anleitung, Beratung, Unterstützung und Beurteilung“ (OVP 2003, § 11(3)). Unterrichtsbesuche sind besondere Situationen und haben oft recht wenig mit Alltagserfahrungen von Lehrern zu tun: Lehrer wie Schüler verhalten sich in diesen Situationen anders als im sonstigen Unterrichtsalltag. Fach- und Hauptseminarleiter erleben diese Spannung auch, die sich häufig während des vorgeführten Unterrichts und in den Nachbesprechungen zur Unterrichtsstunde aufbaut. Unterrichtsbesuche sind Testsituationen; denn Unterrichtsbesuche simulieren auch auf gewisse Weise die Situation im späteren Examen.

Sie stehen als Referendar unter Beobachtung; Ihr gesamtes Verhalten vor, während und nach dem Unterrichtsbesuch ist Gegenstand dieser Beobachtung. Dies erzeugt bei den meisten Referendaren Stress: Schneller Herzschlag, kalte und feuchte Hände, Schweiß auf der Stirn, reduzierte Konzentrationsfähigkeit, Handlungsblockaden. Auch noch so freundliches Auftreten der Ausbilder, deren Versicherung, es gehe nur um eine Beratung, und „milde“ Urteile können meist wenig daran ändern, dass Sie sich dennoch unbehaglich und auf dem Präsentierteller erleben. Besonders extrem wird die Situation dann, wenn Sie zwei Ausbilder eingeladen haben und diese untereinander über die Qualität Ihres Unterrichts uneins sind, vielleicht sogar über unterschiedliche Einschätzungen in offenen Streit geraten (vgl. Bovet / Frommer 2004).

Was genau wird bei Unterrichtsbesuchen beobachtet und beurteilt? Drei Bereiche sollten Sie unterscheiden:

- Planungskompetenz
- Durchführungskompetenz
- Reflexions- und Evaluationskompetenz

In den folgenden drei Kapiteln drucken wir für diese drei Bereiche Checklisten ab, damit Sie einen Eindruck von möglichen Beurteilungsgesichtspunkten bekommen. Die Checklisten können Ihnen helfen, sich systematisch auf die Unterrichtsbesuche vorzubereiten und sich während der Besuche sachgerecht zum tatsächlichen Unterricht zu äußern.

Profitipp

- Natürlich können Sie die hier vorgeschlagene Strategie für den Umgang mit Unterrichtsbesuchen auch für Ihre Examensstunden nutzen.

4.2. Checkliste Planung

⇨ *Worum geht es?*

Im Blick auf Ihre Planungskompetenz sind z. B. diese Fragen von Bedeutung:

- Wie angemessen haben Sie bei Ihrer Planung die Richtlinien / Lehrpläne und schulspezifischen Vorgaben berücksichtigt?
- Wie plausibel ist der Zusammenhang zwischen der Auswahl des Lerngegenstands und der Formulierung des Themas?
- Wie stringent sind Ziele, Methoden und Medien aufeinander bezogen?
- Wie angemessen haben Sie Besonderheiten der Lerngruppe berücksichtigt?
- Wie intensiv, auf welche Weise und auf welchen Ebenen beteiligen Sie die Schüler am Unterrichtsgeschehen?

⇨ *So funktioniert es:*

Die folgende Checkliste benutzen Sie als Vorbereitung auf den Unterrichtsbesuch. Gehen Sie die Aspekte durch und beantworten Sie die möglichen Fragen. Machen Sie sich Notizen und haken Sie die einzelnen Aspekte ab, sobald Sie sie hinreichend reflektiert und entsprechende Entscheidungen getroffen haben. Artikulieren Sie Ihre Antworten laut in der Art eines Referats, um sprachlich, vor allem auch in der Begrifflichkeit sicher zu werden.

Profitipp

- Nehmen Sie die Notizen mit in die Nachbesprechung zu Ihrer Besuchsstunde und benutzen Sie die Aufzeichnungen dort.

Aspekt	Mögliche Fragen	Ihre Antworten / Notizen
Unterrichtsreihe	Warum dieses Thema? Warum diese Einheiten? Warum diese Reihenfolge der Stunden?	

Lerngegenstand	Warum diesen?	
Thema	Warum diese didaktische Intention?	
Lernziele / Kompetenzbereiche	Angemessen formuliert? Hauptlernziel als Paraphrase des Themas? Teillernziele hinreichend konkret und mindestens ein Teilziel auf mindestens Taxonomieebene 3 platziert? Lernziele hierarchisiert? Didaktische Intention beachtet?	
Förderung / Forderung	Welche Schüler? Wie werden sie gefordert / gefördert? Warum? Wodurch?	
Methoden	Warum diese? Welches Schülerverhalten wird angestrebt? Angemessene Organisation überlegt? Vielfalt ermöglicht? Alternativen?	
Sozialformen	Warum diese? Welches Schülerverhalten wird angestrebt? Alternativen?	
Medien	Warum diese? Welche Wirkung haben sie / sollen sie haben? Alternativen?	

Einstieg	Warum so? Schlüssige Möglichkeit, die Problemfrage zu entwickeln? Motivierend? Schülerorientiert? Alternativen?	
Problemfrage	Warum diese? Echtes Problem? Passend zum Thema und Hauptlernziel?	
Erarbeitung	Material sachlich angemessen? Zu schwierig, zu leicht, zu lang (bei Texten)? Textsorte reflektiert? Bei Experimenten: Bedingungen beachtet? Alternativen?	
Arbeitsaufträge	Sprachlich präzise formuliert? Vom Schüler verstehbar? Visualisiert? Alternativen?	
Auswertung / Präsentation / Sicherung	Wer? Wie? Visualisierung möglich? Struktur des Tafelbildes? Plakate? Folien? Alternativen?	
Vernetzung	Wie? Möglichst hohe kognitive / affektive / psychomotorische Ebene erreichbar? Bruchlos aus Erarbeitungsphase ableitbar? Alternativen?	
Hausaufgabe	Sinnvoll aus Unterrichtsgeschehen ableitbar? Weiterführend? Übend? Zu aufwändig? In die nächste Unterrichtsstunde integrierbar?	

Problem-orientierung	Problem des Unterrichts plausibel? Gegenwarts-, Zukunfts-, exemplarische Bedeutung?	
Schüler-orientierung	Schüleraktivitäten geplant? Selbstständiges Arbeiten ermöglicht? Entsprechende Methoden verwendet?	
Erfahrungs-orientierung	Bezug zur Lerngruppe / zur Lebenswelt der Schüler hergestellt? Lern- und entwicklungspsychologische Aspekte berücksichtigt (Gruppensituation)?	
Lernzuwachs (Progression)	Angemessen für die Altersstufe? Quantität und Qualität des Zuwachses? Stellenwert in der Reihe (Progression)?	

⇨ *Darauf sollten Sie achten:*

- Organisieren Sie Termine für Unterrichtsbesuche rechtzeitig (z. B. Beachtung von Feiertagen, Klausuren, Klassenarbeiten, Exkursionen, Kurs- und Klassenfahrten).
- Verteilen Sie die Besuchstermine sinnvoll über Ihre (reale) Ausbildungszeit.
- Planen Sie den Unterricht für einen Unterrichtsbesuch frühzeitig.
- Informieren Sie die Schülergruppe über den bevorstehenden Unterrichtsbesuch.
- Kopieren Sie den Unterrichtsentwurf für die Ausbilder rechtzeitig.
- Seien Sie am Tag des Unterrichtsbesuchs rechtzeitig vor der Besuchsstunde im Schulgebäude.
- Richten Sie den Klassenraum für den Unterrichtsbesuch her, falls dies nötig ist (Raumluft, Sauberkeit, Tischgruppen, saubere Tafel, funktionierender OH-Projektor usw.).
- Stellen Sie am Tag der Besuchsstunde sicher, dass auch „verspätete“ Fach- oder Hauptseminarleiter den Unterrichtsraum problemlos finden.

- Sorgen Sie rechtzeitig für einen geeigneten Besprechungsraum, der nach dem Unterrichtsbesuch genutzt werden kann.

⇨ ***Arbeitsanregungen***

Planung

Wie schaffen Sie im Unterricht eine Problemorientierung?	
Wie wichtig finden Sie, dass Unterricht problemorientiert abläuft?	
Welche Form des Einstiegs bevorzugen Sie? Warum?	
Mit welchen methodischen Mitteln erzeugen Sie Schülerorientierung?	
Wie stellen Sie sicher, dass der Lernzuwachs bei den Schülern hinreichend groß ist?	

Nennen Sie Merkmale für „gute“ Arbeitsaufträge.	
Nennen Sie Merkmale einer „sinnvollen“ Hausaufgabe.	
Welche Möglichkeiten für eine Vernetzung des Erarbeiteten kennen Sie? Welche bevorzugen Sie? Warum?	

4.3. Checkliste Durchführung

⇨ *Worum geht es?*

Im Blick auf Ihre Durchführungskompetenz sind z. B. diese Fragen wichtig:

- Wie weit haben Sie Ihren Unterrichtsplan verwirklicht?
- Wie weit haben Sie Ihre Lernziele erreicht?
- Wie beweglich sind Sie mit Ihrem Unterrichtsplan umgegangen?
- Wie flexibel konnten Sie mit unvorhergesehenen Ereignissen umgehen?
- Wie geschickt haben Sie die Unterrichtsgespräche moderiert?
- Wie schülernah und kooperativ ist der Unterricht abgelaufen?
- Wie sinnvoll haben Sie das Unterrichtsgeschehen organisiert?

⇨ *So funktioniert es:*

Die folgende Checkliste schauen Sie sich am besten ebenfalls vor den Unterrichtsbesuchen an. Merken Sie sich die Aspekte, so dass Sie diese während der Durchführung der Besuchsstunde im Kopf haben.

Profitipp

- Erbitten Sie sich nach der Besuchsstunde Zeit, um sich einige Notizen zu den Punkten zu machen. Gehen Sie erst dann in die Nachbesprechung.

Aspekt	Mögliche Fragen	Ihre Antworten / Notizen
Einstieg	Medium wirksam? Probleme? Vorhersehbar und in der Planung berücksichtigt? Alternative?	
Problemfrage	Von den Schülern entwickelt? Warum nicht? Alternative?	
Erarbeitung	Schülerleistung angemessen? Schwierigkeiten? Schwierigkeiten behoben? Wie?	
Arbeitsaufträge	Von Schülern verstanden und angemessen erledigt? Wenn nicht: Warum? Alternativen zum geplanten Vorgehen?	
Auswertung / Präsentation / Sicherung	Präsentation: Qualität? Sicherung: Von Schülern geleistet? Visualisierung angemessen?	

Vernetzung	Gelungen? In welchem Maße? Selbstständig durch Schüler? Wenn nicht oder nur zum Teil gelungen: Gründe? Alternativen?	
Lernziele / Kompetenzbereiche	Erreicht? Wenn zum Teil nicht: Warum? Folgerungen für Planung? Alternativen?	
Förderung / Forderung	In beabsichtigtem Umfang gelungen? Wenn nicht: Warum? Alternativen?	
Schülerorientierung	Umfang der Schüleraktivitäten? Wie geplant? Wenn nicht: Warum? Alternativen zur bisherigen Planung?	
Gesprächsführung	Zu eng? Zu offen? Gründe und Alternativen? Gelenkstellen sinnvoll umgesetzt? Insgesamt angemessen moderiert? Wenn nicht: Gründe und Alternativen?	
Zeit-Management	Plan eingehalten? Wenn ja: Wie sinnvoll war das? Wenn abgewichen: Wann? Warum? Weshalb in dieser Weise? Alternativen?	
Reaktionen der Lerngruppe	Arbeitstempo? Motivationslage? Qualität der Ergebnisse? Rede- und Diskussionsbereitschaft? Mögliche / angemessene Interventionen?	

⇨ *Darauf sollten Sie achten:*

- Lassen Sie die Schüler im Unterricht selbstständige Leistungen erbringen.
- Lenken Sie Unterrichtsgespräche behutsam (Moderation).
- Achten Sie auf ein angemessenes Anspruchsniveau (Anforderungsbereich).
- Geben Sie Anweisungen so kurz und so präzise wie möglich.

⇨ ***Arbeitsanregungen***

Durchführung

Wie stellen Sie fest, ob die Schüler während des Unterrichts bei der Sache sind?	
Wie können Sie nicht motivierte Schüler aktivieren?	
Wie reagieren Sie, wenn Sie nach Ablauf der Erarbeitungsphase nur noch drei Minuten Zeit haben?	
Wie verhalten Sie sich als Moderator von Unterrichtsgesprächen? Nennen Sie auch Gesprächstechniken.	

Wie lassen Sie Schüler Unterrichtsergebnisse sichern?	
Wie verhalten Sie sich, wenn die Schüler nicht selbst auf die gewünschte Problemfrage kommen?	
Wie verhalten Sie sich, wenn Schüler während einer Phase der Gruppenarbeit über Privates sprechen?	
Wann würden Sie auf eine geplante Hausaufgabe verzichten?	

4.4. Checkliste Reflexion und Evaluation

⇨ *Worum geht es?*

Im Blick auf Ihre Reflexions- und Evaluationskompetenz sind z. B. folgende Fragen wichtig:

- Wie gut können Sie sich selbst, die Lerngruppe und die Lernsituation während des Unterrichts wahrnehmen?
- Wie viel Distanz haben Sie zu Ihrem eigenen pädagogischen Handeln?
- Wie gut können Sie das Geschehen im Unterricht analysieren?
- Wie sicher benutzen Sie dabei die Fachterminologie?
- Wie weit sind Sie fähig, Alternativen zu Ihrem Vorgehen zu entwickeln?
- Wie offen sind Sie für Hilfen und Anregungen?
- Wie groß ist Ihr Interesse an konstruktiver Auseinandersetzung über Ihr Tun?

⇨ *So funktioniert es:*

Die folgende Checkliste schauen Sie sich am besten ebenfalls vor den Unterrichtsbesuchen an. Merken Sie sich die Aspekte, so dass Sie diese während der Nachbesprechung anwenden bzw. sich entsprechend verhalten können.

Profitipps

- Erbitten Sie sich nach der Besuchsstunde Zeit, um sich einige Notizen zu den Punkten zu machen. Gehen Sie erst dann in die Nachbesprechung.
- Zeigen Sie sich offen für Anregungen.

Aspekt	Mögliche Fragen	Ihre Antworten / Notizen
Selbst-wahrnehmung	✓ Verhalten? ✓ Führungsstil? ✓ Moderation? ✓ Fragetechnik? ✓ Aufgabenstellung? ✓ Folgen für die Durchführung? ✓ Alternativen?	

Wahrnehmung der Lerngruppe und Lernsituation	✓ Disziplin? ✓ Arbeitsverhalten? ✓ Leistungsniveau? ✓ Motivation? ✓ Besonderheiten? ✓ Schüleraussagen? ✓ Konsequenzen für eigenes Handeln?	

⇨ *Darauf sollten Sie achten:*

- Entwickeln Sie ein realistisches Bild Ihres Unterrichts.
- Stellen Sie sich vor, von Ihrer Unterrichtsstunde ist ein Film gedreht worden. Schauen Sie sich die Stunde als Zuschauer an.
- Versetzen Sie sich in die Rolle der Schüler und fragen Sie sich aus deren Perspektive: Wie habe ich die Stunde erlebt? Was habe ich heute gelernt?

⇨ ***Arbeitsanregungen***

Reflexion und Evaluation

Welche Strategien der Selbst- bzw. Fremdwahrnehmung nutzen Sie? Welche Erfahrungen haben Sie damit?	

Welche Aspekte der Selbstwahrnehmung sind Ihnen für die Reflexion wichtig? Warum?	
Was am Schülerverhalten müssen Sie während des Unterrichts beobachten, um später eine sinnvolle Evaluation durchzuführen?	
Was halten Sie davon, die Schüler am Ende einer Stunde nach deren Meinung über den Unterricht zu befragen?	
Was halten Sie davon, Schüler generell an der Unterrichtsplanung und -auswertung zu beteiligen?	
Was halten Sie davon, wenn Kollegen wechselseitig im Unterricht hospitieren, um so Unterricht zu evaluieren?	

Welche Formen externer Evaluation von Unterricht kennen Sie? Wie beurteilen Sie diese Formen der Evaluation?

4.5. Stellungnahme zum eigenen Unterricht

⇨ *Worum geht es?*

Zu Beginn der Nachbesprechung einer Unterrichtsstunde, aber auch nach den Unterrichtsproben im Examen werden Sie gebeten, eine Stellungnahme zu Ihrem Unterricht abzugeben. Die Stellungnahme sollte keine inhaltliche Wiederholung des Stundenentwurfs sein oder nur Selbstverständliches erwähnen. Sie sollte auf die Aspekte eingehen, die neben dem Entwurf zum Verständnis der Stunde unbedingt notwendig sind. Also: **Wählen Sie für die Stellungnahme geeignete Aspekte aus!** Die Vorbereitung auf die Stellungnahme ist zum Teil auch schon vor den Unterrichtsstunden möglich; Unvorhergesehenes im Umfeld bzw. im Verlauf der Stunde kann dann ad hoc einbezogen werden.

⇨ *So funktioniert es:*

Im Folgenden lernen Sie zwei Hilfsmittel kennen, an denen Sie sich für die Stellungnahme orientieren können.

1. Vorbereitungsraster: In der linken Spalte finden Sie sechs Aspektbereiche, die immer wieder Anlass sind für Nachfragen seitens der Ausbilder. In der rechten Spalte lesen Sie dazu Gesichtspunkte, die als mögliche Erklärungen, Antworten usw. für die in der linken Spalte angenommenen Fälle nützlich sein können bzw. Ansätze darstellen, von denen her Sie argumentieren können.

2. Kompetenz-Kreuz: Im Rahmen von Nachbesprechungen können Sie hier systematisch parallel zum Gesprächsverlauf Einträge vornehmen. Sie können das Kreuz auch zur Vorbereitung einer Stellungnahme nutzen. Die angehängten Aspekte zu den vier Feldern des Kreuzes lenken den Blick auf mögliche Betrachtungspunkte.

⇨ **Hilfsmittel: Vorbereitungsraster**

Mögliche Aspekte einer „Stellungnahme" im Anschluss an eine Unterrichtsbesuch / Unterrichtsprobe (UPP)

1. Besonderheiten in der Lerngruppe ⇨ *Analyse: Welche Folgen hatten die Besonderheiten für die Planung bzw. im Unterricht?* ⇨ *Wichtig: Aufzeigen von Alternativen nötig, falls Probleme auftraten!*	• leistungsstarke Schüler (z. B. Hochbegabte, einseitig Begabte) • leistungsschwache Schüler (geringe Mitarbeit, intellektuelle Mängel usw.) • verhaltensauffällige Schüler (z. B. Störer, „Klassen-Clown", psychische Störungen, körperliche Behinderungen usw.) • Arbeitsverhalten / Motivation
2. Besonderheiten der Lernsituation ⇨ *Analyse: Welche Folgen hatten die Besonderheiten für die Planung und / oder für die Durchführung des Unterrichts?*	• Fehlen bestimmter Schüler • Probleme mit Medien / andere technische Probleme • Raumsituation / Raumwechsel • Lage der Stunde im Stundenplan

⇨ *Wichtig: Aufzeigen von Alternativen nötig, falls Probleme auftraten!*	• besondere Belastungen der Schüler durch vorherigen oder folgenden Unterricht
3. Thema, Lernziele, Kompetenzbereiche, Ergebnisse ⇨ *Analyse: Wie angemessen waren Thema, Lernziele und Ergebnisse im Nachhinein betrachtet?* ⇨ *Wichtig: Aufzeigen von Alternativen nötig, falls das Verhältnis von Lernzielen und Ergebnissen ungünstig ausfiel!*	• Richtlinien / Lehrpläne • Fachcurriculum der Schule • Gegenwarts-, Zukunftsbedeutung, exemplarische Bedeutung • besondere Lernziele (z. B. affektiv, psychomotorisch) • Verhältnis zwischen Ergebnissen und Lernzielen
4. Fordern und Fördern ⇨ *Analyse: Welche Folgen hatten ein ungünstiges Lehrerverhalten, eine geringe Schülerorientierung, unpassende Methoden und Medien / Material für den Unterricht?* ⇨ *Wichtig: Aufzeigen von Alternativen nötig, falls Probleme auftraten!*	• Lehrer-Schüler-Interaktion incl. Sozialformen, Gesprächsführung, Fragetechnik und Aufgabenstellung sowie Selbstverständnis des Lehrers • Schüler-Aktivität und Schüler-Orientierung (Schülerbild) • Methoden (auch unter fachspezifischen und lernpsychologischen Aspekten) • Medien / Material (aktueller und allgemeiner Sinn und Nutzen) • Besondere Situationen (z. B. Hochbegabte, Migranten usw.)

5. Abweichen von der Planung ⇨ *Analyse: Welche Folgen entstanden durch das Abweichen vom Plan bzw. sind dadurch vermieden worden?* ⇨ *Wichtig: Aufzeigen von Planungsalternativen nötig, die das Abweichen vom Plan überflüssig gemacht hätten!*	• Zeitprobleme • fehlende Lernvoraussetzungen • Interesse der Schüler • Planungsmängel
6. Starres Festhalten an der Planung ⇨ *Analyse: Welche Folgen entstanden durch zu starres Festhalten am Plan?* ⇨ *Wichtig: Aufzeigen von (Planungs-)Alternativen nötig, die zu einer weniger starren Unterrichtsführung beigetragen hätten!*	• Erreichen von Lernzielen • Zeitprobleme • geringe Flexibilität • zu spätes Erkennen von Alternativen

⇨ Hilfsmittel: Kompetenz-Kreuz

Name .... Datum ....

Meine Stärken	Meine Schwächen
Mein Beratungsbedarf	**Mögliche Maßnahmen**

Meine Stärken	**Meine Schwächen**
→ *Planung*, z. B. ✓ Klassen-/Kurssituation ✓ Dramaturgie ✓ Methoden ✓ Medien → *Durchführung*, z. B. ✓ Problemorientierung ✓ Erarbeitungsphase ✓ Präsentation ✓ Sicherung ✓ Vernetzung ✓ Medien ✓ Gesprächsführung ✓ Lehrerverhalten ✓ Zeit-Management **Für die Reflexion**: ▪ Auswahl treffen (2 bis 4 Aspekte) ▪ Positive Qualität genau beschreiben ▪ Positive Folgen genau benennen	→ *Planung*, z. B. ✓ Klassen-/Kurssituation ✓ Dramaturgie ✓ Methoden ✓ Medien → *Durchführung*, z. B. ✓ Problemorientierung ✓ Erarbeitungsphase ✓ Präsentation ✓ Sicherung ✓ Vernetzung ✓ Medien ✓ Gesprächsführung ✓ Lehrerverhalten ✓ Zeit-Management **Für die Reflexion**: ▪ Auswahl treffen (2 bis 4 Aspekte) ▪ Negative Qualität genau beschreiben ▪ Negative Folgen genau benennen ▪ Alternative(n) entwickeln
Mein Beratungsbedarf	**Mögliche Maßnahmen**
❖ 2 bis 4 Aspekte für die Nachbesprechung benennen und begründen	❖ Ergebnisse der Beratung notieren ❖ Ziele für das eigene Handeln formulieren

⇨ *Darauf sollten Sie achten:*

- Bereiten Sie sich mit den Checklisten aus diesem Kapitel auf die Nachbesprechung vor!
- Nehmen Sie sich vor der Nachbesprechung bzw. vor der Stellungnahme im Examen Zeit, die Unterrichtsstunde zu reflektieren.
- Treten Sie in der Nachbesprechung bzw. bei der Stellungnahme selbstbewusst auf.
- Seien Sie in der Nachbesprechung Gesprächspartner, nicht nur Zuhörer.
- Verhalten Sie sich realitätsnah: Benennen Sie im Blick auf Ihre Stunde ebenso klar Positives wie Kritisches und Negatives.
- Fragen Sie nach Handlungsalternativen, wenn Ihnen selbst keine einfallen.
- Seien Sie offen für Alternativen! Bleiben Sie aber kritisch-konstruktiv!
- Klären Sie, was Sie an der Planung und Durchführung des Unterrichts verbessern können und wie Sie die Alternativen umsetzen können.
- Machen Sie sich während der Nachbesprechung Notizen.

⇨ ***Arbeitsanregungen***

Stellungnahme zum eigenen Unterricht

Wie können Hochbegabte die Planung und Durchführung von Unterricht beeinflussen?	
Sie haben einen störenden Schüler (8. Klasse) vor der Unterrichtsstunde (= Unterrichtsbesuch) ermahnt. Nehmen Sie Stellung.	

Wie können ungewöhnliche Situationen die Durchführung von Unterricht beeinflussen? Welche Handlungsalternativen kennen Sie dafür?	
Sie wollten hohe Schüleraktivität erreichen. Dies ist Ihnen aber nicht gelungen. – Welche möglichen Gründe würden Ihnen als Erklärung einfallen?	
Sie haben nur drei von fünf Teillernzielen erreicht. – Nehmen Sie Stellung.	
Sie haben statt die Tafel zu nutzen eine aufwändige Diashow geplant, die im Unterricht viel Zeit kostete. – Erläutern Sie Ihre Entscheidung.	

Sie bemerkten während der Stunde, dass die Lerngruppe wichtige Lernvoraussetzungen nicht hatte, und Sie sind dann vom Plan abgewichen. – Nehmen Sie Stellung.	
Sie haben den Verlaufsplan der Stunde „exekutiert", obwohl aufgrund von Fragen, aber auch von Problemen der Lerngruppe ein Abweichen vom Plan sinnvoll gewesen wäre. – Nehmen Sie Stellung.	

5.

Literaturverzeichnis

„Ein guter Lehrer hat nur eine Sorge:
zu lehren, wie man ohne ihn auskomme..“
(André Gide)

Adler, A. (2008): Menschenkenntnis. Frankfurt
Adorno, T. W. (2008): Erziehung zur Mündigkeit. Frankfurt
Aebli, H. (2006): Zwölf Grundformen des Lehrens. 13. Aufl. Stuttgart
Altrichter, H. / Posch, P. (2006): Lehrerinnen und Lehrer erforschen ihren Unterricht. 4. Aufl. Stuttgart
Anderson, L. W. / Krathwohl, D. R. / Bloom, B. S. (2001): A Taxonomy for Learning, Teaching, and Assessing: A Revision of Bloom's Taxonomy of Educational Objectives, Complete. Boston
Baacke, D. (2001): Die 6- bis 12jährigen. Einführung in Probleme des Jugendalters. 4. Aufl. Weinheim
Baacke, D. (2005): Die 13- bis 18jährigen. Einführung in Probleme des Jugendalters. 8. Aufl. Weinheim
Baacke, D. (2007): Jugend und Jugendkulturen. Darstellung und Bedeutung. 5. Aufl. München
Balke, S. (2003): Die Spielregeln im Klassenzimmer: Das Trainingsraum-Programm. 2. Aufl. Bielefeld
Balliet, M. (2009): Risikofaktor Referendariat. Ein Therapieansatz: In: Seminar 1
Bandler, R. (2006): Veränderung des subjektiven Erlebens. 7. Aufl. Paderborn
Bandler, R. / Grinder, J. (2003): Kommunikation und Veränderung. Die Struktur der Magie II. 8. Aufl. Paderborn
Bandler, R. / Grinder, J. (2005a): Kommunikation und Veränderung. Die Struktur der Magie I. 11. Aufl. Paderborn
Bandler, R. / Grinder, J. (2005b): Reframing. 8. Aufl. Paderborn
Bandura, A. (1976): Lernen am Modell. Stuttgart
Barthelmeß, M. (2005): Systemische Beratung. 3. Aufl. München
Bastian, J. (2007): Einführung in die Unterrichtsentwicklung. Weinheim und Basel
Bauer, J. (2008): Prinzip Menschlichkeit: Warum wir von Natur aus kooperieren. München
Bauer, K. O. (2005): Pädagogische Basiskompetenzen. München
Baumgart, F. (2005): Theorien des Unterrichts. Bad Heilbrunn
Baumgart, F. (2007): Entwicklungs- und Lerntheorien. 3. Aufl. Bad Heilbrunn
Baumgart, F. (2007): Erziehungs- und Bildungstheorien. 3. Aufl. Bad Heilbrunn
Baumgart, F. (2008): Theorien der Sozialisation. 4. Aufl. Bad Heilbrunn
Baumgart, F. / Lange, U. (2006): Theorien der Schule. 2. Aufl. Bad Heilbrunn
Becker, G. E. (2006): Lehrer lösen Konflikte. Weinheim
Bittner, S. (2006): Das Unterrichtsgespräch. Formen und Verfahren des dialogischen Lehrens und Lernens. Bad Heilbrunn
Blankertz, H. (2000): Theorien und Modelle der Didaktik. 14. Aufl. München
Blaser, T. (2008): Klafkis bildungstheoretische Didaktik im Überblick. München
Bloom, B. S. (1972): Taxonomy of Educational Objectives. Cognitive and Affective Domains. Philadelphia
Blum, W. / Drüke-Noe, C. (2006): Praxisbuch – Lernkompetenz: Mathematik, Biologie, Physik, Chemie: Praxisbuch: Bildungsstandards Mathematik: konkret - Sekundarstufe I mit CD-ROM. Berlin
Böhm, U. (2006): Soziales Lernen und soziales Engagement. Baltmannsweiler
Boenisch, J. / Sachse, S. (2007): Diagnostik und Beratung in der Unterstützten Kommunikation: Theorie, Forschung und Praxis. Karlsruhe
Bohl, T. (2006): Prüfen und Bewerten im Offenen Unterricht. Weinheim
Borner, J. (2008): Die Entwicklung und Strukturierung des Kompetenzbegriffes. Von der Qualifikation zur Kompetenz. http://kmgne.de/front_content.php?idcat=102
Bovet, S. / Frommer, H. (2004): Praxis Lehrerberatung – Lehrerbeurteilung. 3. Aufl. Baltmannsweiler
Bovet, S. / Huwendiek, V. (2008) (Hrsg.): Leitfaden Schulpraxis. 5. Aufl. Berlin
Braunmühl, E. (2006): Antipädagogik. Studien zur Abschaffung der Erziehung. Leipzig
Brezinka, W. (1999): Erziehung in einer wertunsicheren Gesellschaft. München / Basel
Brüning, L. / Saum, T. (2009a): Erfolgreich unterrichten durch Kooperatives Lernen. Strategien zur Schüleraktivierung. 4. Aufl. Essen

Brüning, L. / Saum, T. (2009b): Erfolgreich unterrichten durch Kooperatives Lernen II. Essen
Bueb, B. (2008a): Ein Lob der Disziplin. Eine Streitschrift. München
Bueb, B. (2008b): Von der Pflicht zu führen: Neuen Gebote der Bildung. München
Caswell, C. / Neill, S. (2003): Körpersprache im Unterricht. 2. Aufl. Münster
Claßen, A. / Nießen, K. (2006): Das Trainingsraum-Programm. Unterrichtsstörungen pädagogisch auflösen. Klasse 5-10. Lichtenau
Cohn, R. (2009): Von der Psychoanalyse zur themenzentrierten Interaktion. 15. Aufl. Stuttgart
Cube, F. V. (2002): Die kybernetisch-informationstheoretische Didaktik. In: Gudjons / Winkel: Didaktische Theorien. 11. Aufl. Hamburg. 57-76
Cube, F. v. (2005): Führen durch Fordern. München
Dalin, P. / Rolff, H.-G. / Buchen, H. (1998): Institutioneller Schulentwicklungs-Prozeß. 4. Aufl. Soest
Danner, H. (2005): Methoden geisteswissenschaftlicher Pädagogik. München
Dehnbostel, P. / Elsholz, U. / Gillen, J. (Hrsg.) (2007): Kompetenzerwerb in der Arbeit. Perspektiven arbeitnehmerorientierter Weiterbildung. Berlin
Dehnbostel, P. / Gillen, J. (2005): Kompetenzentwicklung, reflexive Handlungsfähigkeit und reflexives Handeln in der Arbeit. In: Gillen, J. / Dehnbostel, P. / Elsholz, U. / Habenicht, T. / Proß, G. / Skroblin, J.-P. (Hrsg.): Kompetenzentwicklung in vernetzten Lernstrukturen. Konzepte arbeitnehmerorientierter Weiterbildung. Bielefeld
Derbolav, J. (1982): Pädagogik und Politik. Eine systematisch-kritische Analyse ihrer Beziehungen. Stuttgart
Derbolav, J. (1987): Grundriß einer Gesamtpädagogik. Frankfurt/M.
DeShazer, S. (2006a): Der Dreh. Überraschende Wendungen in der Kurzzeittherapie. 9. Aufl. Heidelberg
DeShazer, S. (2006b): Wege der erfolgreichen Kurztherapie. 9. Aufl. Stuttgart
Deutsch, M. (2000): The Handbook of Conflict Resolution. Theory and Practice. San Francisco
Dewey, J. (2000): Demokratie und Erziehung. 2. Auf. Weinheim
Dewey, J. / Horlacher, R. / Oelkers, J. (2002): Wie wir denken. Zürich
Dilthey, W. (1960): Pädagogik, Geschichte und Grundlinien des Systems. Ges. Schriften Bd. IX. 2. Aufl. Göttingen
Dilts, R. u. a. (2003): Strukturen subjektiver Erfahrung – Ihre Erforschung und Veränderung durch NLP. 6. Aufl. Paderborn
Dohnke, H. (2002): Lernziele. www.learn-line.nrw.de/angebote/
Eikenbusch, G. / Heymann, H. W. (2008): Was wissen wir über guten Unterricht? Berlin
Ellis, A. (2007): Training der Gefühle. Wie Sie sich hartnäckig weigern, unglücklich zu sein. München
Emer, W. / Lenzen, K.-D. (2005): Basiswissen Pädagogik. Projektunterricht gestalten – Schule verändern. Baltmannsweiler
Erpenbeck, J. / Heyse, V. (2007): Die Kompetenzbiographie: Wege der Kompetenzentwicklung. 2. Aufl. Münster
Erpenbeck, J. / Rosenstiel, L. v. (2007): Handbuch Kompetenzmessung. Stuttgart
Erpenbeck, J. / Weinberg, J. (2004): Bildung oder Kompetenz – eine Scheinalternative? In: REPORT (27) 3
Fleischer, T. / Grewe, N. / Jötten, B. (2007): Handbuch Schulpsychologie. Psychologie für die Schule. Stuttgart
Flitner, A. / Scheuerl, H. (Hrsg.) (2000): Einführung in pädagogisches Sehen und Denken. 2. Aufl. Weinheim

Foerster, H. v. / Glasersfeld, E. v. / Hejl, P. M. (2008): Einführung in den Konstruktivismus. 10. Aufl. München
Frederking, V. / Heller, H. / Scheunpflug, A. (2005): Nach PISA. Wiesbaden
Frey, K. (2007): Die Projektmethode. Der Weg zum bildenden Tun. Weinheim / Basel
Freud, A. (2006): Das Ich und die Abwehrmechanismen. 14. Aufl. Frankfurt
Friedrich Jahresheft (2008): Individuell lernen – kooperativ arbeiten. Seelze
Giesecke, H. (2005): Wie lernt man Werte? München
Gieth, H.-J. v. d. (2005): Lernzirkel – Die neue Form des Unterrichts. Kempen
Glasersfeld, E. v. (2008): Radikaler Konstruktivismus. Frankfurt / M.
Gordon, T. (2006): Lehrer-Schüler-Konferenz. Wie man Konflikte in der Schule löst. München
Green, N. (2009): Kooperatives Lernen. www.learnline.nrw.de/angebote/greenline [23.4.2009]
Green, N. / Green K. (2007): Kooperatives Lernen im Klassenraum und im Kollegium. Das Trainingsbuch. 3. Aufl. Seelze
Grell, J. (2001): Techniken des Lehrerverhaltens. 15. Aufl. Weinheim / Basel
Greving, J. / Linser, H. J. / Paradies, L. (2007): Diagnostizieren, Fordern und Fördern. Berlin
Gudjons, H. (2003): Handbuch Gruppenunterricht. 2. Aufl. Weinheim
Gudjons, H. (2006): Neue Unterrichtskultur – veränderte Lehrerrolle. Bad Heilbrunn
Gudjons, H. (2006): Pädagogisches Grundwissen. 9. Aufl. Bad Heilbrunn
Gudjons, H. (2007): Frontalunterricht – neu entdeckt. Integration in offene Unterrichtsformen. 2. Aufl. Bad Heilbrunn
Gudjons, H. (2008): Handlungsorientiert lehren und lernen. 7. Aufl. Bad Heilbrunn
Gudjons, H. (2008): Handlungsorientiert lehren und lernen. Schüleraktivierung, Selbsttätigkeit, Projektarbeit. 7. Aufl. Bad Heilbrunn
Gudjons, H. / Winkel, R. (Hrsg.) (2002): Didaktische Theorien. 11. Aufl. Hamburg
Gugel, G. (2008): Methoden-Manual I und II „Neues Lernen“. Weinheim
Habermas, J. (2007): Erkenntnis und Interesse. 14. Aufl. Frankfurt / M.
Hecht, M. (2008): Sie haben eine E-Mail. In: Psychologie Heute. H 9. 30ff.
Hegele, I. (2008): Stationenarbeit. Ein Einstieg in den offenen Unterricht. In: Wiechmann, J. (Hrsg.) 12 Unterrichtsmethoden. Vielfalt für die Praxis. Weinheim. 58ff.
Heidemann, R. (2007): Körpersprache im Unterricht. 8. Aufl. Wiebelsheim
Heimann, P. / Otto, G. / Schulz, W. (1997): Unterricht – Analyse und Planung. 10. Aufl. Hannover
Heller, K. A. / Mönks, F. J. / Sternberg, R. J. (2000): International Handbook of Giftedness and Talent. Amsterdam
Henning, C. / Ehinger, W. (2006): Das Elterngespräch in der Schule: Von der Konfrontation zur Kooperation. 3. Aufl. München
Hentig, H. v. (2008). Die Schule neu denken. 5. Aufl. Weinheim
Heyse, V. / Erpenbeck, J. (1999): ILK = Institut für selbstorganisiertes Lernen und multimediale Kommunikation e. V. (1999): Materialien „Train-the-Trainer-Seminar“. Berlin
Heyse, V. / Erpenbeck, J. (2007a): Handbuch Kompetenzmessung. 2. Aufl. Düsseldorf
Heyse, V. / Erpenbeck, J. (2007b): Kompetenzmanagement: Methoden, Vorgehen, KODE(R) und KODE(R)X im Praxistest. Münster
Heyse, V. / Erpenbeck, J. (2009): Kompetenztraining. 2. Aufl. Stuttgart
Heyse, V. / Erpenbeck, J. / Max, H. (2004): Kompetenzen erkennen, bilanzieren und entwickeln. Münster

Heyse, V. / Erpenbeck, J. / Michel, L. (2002): Lernkulturen der Zukunft. Kompetenzbedarf und Kompetenzentwicklung in Zukunftsbranchen; QUEM-report, Heft 74; Berlin 2002. http://www.abwf.de/content/main/publik/report/2004/report-74.pdf
Homberger, D. (2005): Lexikon Schulpraxis. 2. Aufl. Baltmannsweiler
Horkheimer, M. (1990): Gesellschaft im Übergang. Bodenheim
Horkheimer, M. (2005): Traditionelle und kritische Theorie. Vier Aufsätze. 6. Aufl. Frankfurt / M.
Hurrelmann, K. (2006): Einführung in die Sozialisationstheorie. 9. Aufl. Weinheim / Basel
Hurrelmann, K. (2007): Lebensphase Jugend. 9. Aufl. Weinheim / München
Hurrelmann, K. / Albert, M. (2006): Jugend 2006. 15. Shell Jugendstudie. Frankfurt
Hurrelmann, K. / Andresen, S. (2007): Kinder in Deutschland 2007. Frankfurt
Hurrelmann, K. / Bründel, H. (2008): Gewalt an Schulen. Weinheim
Huschke-Rhein, R. (2003): Einführung in die systemische und konstruktivistische Pädagogik. München u. a.
Jank, W. / Meyer, H. (2005): Didaktische Modelle. 7. Aufl. Berlin
Johnson, D. W. / Johnson, R. T. / Holubec, E. J. (2005): Kooperatives Lernen – Kooperative Schule. Mülheim
Jugert, G. / Rehder, A. / Notz, P. / Petermann, F. (2007): Soziale Kompetenz für Jugendliche: Grundlagen, Training und Fortbildung. 5. Aufl. München
Jürgens, E. (2005): Leistung und Beurteilung in der Schule. 6. Aufl. St. Augustin
Jürgens, E. / Sacher, W. (2008): Leistungserziehung und pädagogische Diagnostik in der Schule. Stuttgart
Kaiser, A. (2003): Anders lehren lernen. Ein Übungsbuch für emotional fundierte Lehrkompetenz. Baltmannsweiler
Kant, I. (2005): Kritik der reinen Vernunft. Paderborn
Kempfert, G. / Rolff, H.-G. (2005): Qualität und Evaluation: Ein Leitfaden für Pädagogisches Qualitätsmanagement. 4. Aufl. Weinheim
Kerstiens, L. (1978): Erziehungsziele neu befragt. Bad Heilbrunn
Klafki, W. (1986a): Allgemeine Probleme der Unterrichtsmethodik. In: Klafki u. a.: Funk-Kolleg Erziehungswissenschaft 2. Frankfurt / M. 131-166
Klafki, W. (1986b): Rückblick und Selbstkritik – Erziehungswissenschaft als kritische Theorie. Teil B.: Die Zielsetzungen des Autorenteams. In: Funk-Kolleg Erziehungswissenschaft. Frankfurt. Bd. 3. 254-276
Klafki, W. (2000): Aspekte kritisch-konstruktiver Erziehungswissenschaft. Weinheim
Klafki, W. (2002): Die bildungstheoretische Didaktik. In: Gudjons / Winkel: Didaktische Theorien. Hamburg. 13-34
Klafki, W. (2007): Neue Studien zur Bildungstheorie und Didaktik. Beiträge zur kritisch-konstruktiven Didaktik. 5. erw. Aufl. Weinheim
Klauer, K. J. / Leutner, D. (2007): Lehren und Lernen. Einführung in die Instruktionspsychologie. Weinheim
Klebert, K. / Schrader, E. / Straub, W. G. (2006): Moderationsmethode – Das Standardwerk. 3. Aufl. Hamburg
Klein, K. / Oettinger, U. (2007): Konstruktivismus. Die neue Perspektive im (Sach-) Unterricht. 2. überarb. Aufl. Baltmannsweiler
Kliebisch, U. / Basten, K. H. / Schmitz, P. (2001): Methodentrainer Sekundarstufe I. Berlin
Kliebisch, U. / Meloefski, R. (2009a): Evaluationen in Studienseminaren – Qualitätsmerkmale überprüfen. In: Seminar. H 1
Kliebisch, U. / Meloefski, R. (2009b): Lehrer*Alltag*. Erfolgreich handeln in der Praxis. Band 1. 3. überarb. u. erw. Aufl. Baltmannsweiler

Kliebisch, U. / Meloefski, R. (2009c): Lehrer*Alltag*. Erfolgreich handeln in der Praxis. Band 2. 3. überarb. u. erw. Aufl. Baltmannsweiler

Kliebisch, U. / Meloefski, R. (2009d): Lehrer*Sein*. Erfolgreich handeln in der Praxis. Band 1. 4. überarb. u. erw. Aufl. Baltmannsweiler

Kliebisch, U. / Schmitz, P. (2005): Besser beraten. Gespräche mit Eltern, Schülern und Kollegen. Lichtenau

Klieme, E. / Maag-Merki, K. / Hartig, J. (2007): Kompetenzbegriff und Bedeutung von Kompetenzen im Bildungswesen. In: Hartig, J. / Klieme, E.: Möglichkeiten und Voraussetzungen technologiebasierter Kompetenzdiagostik. Bonn / Berlin. 5-16

Klippert, H. (2004): Lehrerbildung. Weinheim / Basel

Klippert, H. (2007a): Eigenverantwortliches Arbeiten und Lernen. 5. Aufl. Weinheim

Klippert, H. (2007b): Kommunikations-Training. 11. Aufl. Weinheim

Klippert, H. (2007c): Methoden-Training. 17. Aufl. Weinheim

Klippert, H. (2008): Eigenverantwortliches Arbeiten und Lernen. Weinheim

Klippert, H. (2009): Teamentwicklung im Klassenraum. 8. Aufl. Weinheim

KMK – Sekretariat der Ständigen Konferenz der Kultusminister der Länder in der Bundesrepublik Deutschland (Hrsg.) (2005): Bildungsstandards der Kultusministerkonferenz – Erläuterungen zur Konzeption und Entwicklung. München

Knoblauch, J. / Wöltje, H. (2006a): Zeitmanagement. 2. Aufl. Freiburg

Knoblauch, J. / Wöltje, H. (2006b): Zeitmanagement. Perfekt organisieren mit Zeitplaner und Handheld. 2. Aufl. Freiburg

Konrad, K. / Traub, S. (2008): Kooperatives Lernen. 3. Aufl. Baltmannsweiler

Kopietz, C. / Schäfer, R. (2006): Fit für die Streitschlichtung. Eine Ausbildung in 7 Bausteinen. Lichtenau

Kounin, J. S. (2006): Techniken der Klassenführung. Münster

Krathwohl, D. R. / Bloom, B. S. / Masia, B. B. (1975): Taxonomie von Lernzielen im affektiven Bereich. Weinheim

Krieger, C. G. (2005): Wege zu Offenen Arbeitsformen. Baltmannsweiler

Latzko, B. (2006): Werteerziehung in der Schule. Leverkusen

Lay, R. (1991): Ethik für Wirtschaft und Politik. München

Lehmann, G. / Nieke, W. (o. J.): Zum Kompetenz-Modell. [15.08.2008] http://www.bildung-mv.de/export/sites/lisa/de/publikationen/rahmenplaene/ergaenzende_texte/text-lehmann-nieke.pdf

Lewin, K. / Lippit, R. / White, R. K. (1939): Patterns of aggressive behavior in experimentally created social climates. Journal of Social Psychology 10, 271-301

Lorenz, K. (1999): Die Rückseite des Spiegels. Versuch einer Naturgeschichte menschlichen Erkennens. 2. Aufl. München

LPM (2008) – Landesinstitut für Pädagogik und Medien. Bildungsstandards der KMK. http://www.lpm.uni-sb.de/lpm/aktuelles/2008-07/Bildungsstandards_KMK.pdf

Mager, R. F. (1994): Lernziele und Unterricht. Weinheim / Basel

Malti, T. / Perren, S. (Hrsg.) (2008): Soziale Kompetenz bei Kindern und Jugendlichen: Entwicklungsprozesse und Förderungsmöglichkeiten. Stuttgart

Maturana, H. R. / Varela, F. J. (2009): Der Baum der Erkenntnis. Die biologischen Wurzeln des menschlichen Erkennens. Frankfurt

Meinberg, E. (1996): Das Menschenbild moderner Erziehungswissenschaft. Darmstadt

Meixner, J. / Müller, K. (2004): Angewandter Konstruktivismus. Aachen

Meixner, J. / Müller, K. (2005): Konstruktivistische Schulpraxis. Beispiele für den Unterricht. Weinheim

Meyen, M. (2006): Wir Mediensklaven. Warum die Deutschen ihr halbes Leben auf Empfang sind. Hamburg
Meyer, H. (2003a): Unterrichtsmethoden. Bd. I u. II. 10. Aufl. Berlin
Meyer, H. (2005): Was ist guter Unterricht? 2. Aufl. Berlin
Miller, A. (2008): Am Anfang war Erziehung. Frankfurt
Molcho, S. (2006): ABC der Körpersprache. München
Mollenhauer, K. (1972): Was ist Erziehung. In: Weber: Der Erziehungs- und Bildungsbegriff im 20. Jahrhundert. Bad Heilbrunn, 121ff.
Mollenhauer, K. (1986): Erziehung und Emanzipation. Polemische Skizzen. 9. Aufl. München
Möller, C. (1976): Technik der Lernplanung. 5. Aufl. Weinheim / Basel
Möller, C. (2002): Die curriculare Didaktik. In: Gudjons / Winkel: Didaktische Theorien. Hamburg. 75ff.
MSW NRW (2004): Rahmenvorgabe für den Vorbereitungsdienst in Studienseminar und Schule. RdErl – 423.6.05.07.03 Nr. 2984/04
MSW NRW (2007): Verordnung über die Ausbildung und die Abschlussprüfungen in der Sekundarstufe I. http://www.schulministerium.nrw.de/BP/Schulrecht/APOen
MSW NRW (2008): Schulgesetz für das Land Nordrhein-Westfalen (Schulgesetz NRW – SchulG). Vom 15. Februar 2005 (GV. NRW. S. 102) zuletzt geändert durch Gesetz vom 24. Juni 2008 (GV. NRW. S. 48
MSW NRW (2009a): Chancen NRW. Portal zur individuellen Förderung NRW. http://www.schulministerium.nrw.de/Chancen/index.html
MSW NRW (2009b): Curriculare Vorgaben. Standardsicherung. Kernlehrpläne G 8. http://www.standardsicherung.nrw.de/lehrplaene/kernlehrplaene-sek-i
Müller, F. (2006): Selbstständigkeit fördern und fordern. Weinheim
Mutzek, W. (2008): Methodenbuch Kooperative Beratung. Supervision, Teamberatung, Coaching, Mediation, Unterrichtsberatung, Klassenrat. Weinheim
Neubauer, W. F. / Gampe, H. / Knapp, R. (2008): Schulische Konflikte bewältigen. Neuwied
Nieke, W. (2008): Kompetenz und Kultur: Beiträge zur Orientierung in der Moderne. Wiesbaden
Nohl, H. (2002): Die pädagogische Bewegung in Deutschland und ihre Theorie. 11. Aufl. Frankfurt/M.
OECD (2004): Lernen für die Welt von morgen – erste Ergebnisse von Pisa 2003. Paris. OECD. URL: www.pisa.oecd.org/dataoecd/18/10/34022484.pdf
OECD (2005): Projekt DeSeCo – Definition and Selection of Key Competencies. http://www.oecd.org/searchResult/0,3400,en_2649_33723_1_1_1_1_1,00.html
Peschel, F. (2006): Offener Unterricht. Band 1: Idee, Realität, Perspektive und ein praxiserprobtes Konzept zur Diskussion. Teil I: Allgemeindidaktische Überlegungen. 4. Aufl. Hohengehren
Philipp, E. / Rolff, H.-G. (2006): Schulprogramme und Leitbilder entwickeln. Weinheim
Popper, K. R. (2007): Logik der Forschung. Tübingen
Popper, R. / Kiesewetter, H. (2003): Gesammelte Werke Bd. 1: Die offene Gesellschaft und ihre Feinde. Tübingen
Rahmenvorgabe für den Vorbereitungsdienst in Studienseminar und Schule (2004). RdErl. d. Ministeriums für Schule, Jugend und Kinder
Ratelband, E. (2005): Der Feuerläufer. 6 CDs . So schaffst du, was immer du willst! Konstanz
Reich, K. (2005): Systemisch-konstruktivistische Pädagogik. 5. Aufl. Weinheim
Reich, K. (2006): Konstruktivistische Didaktik. 3. Aufl. Weinheim

Reichel, R. / Svoboda, U. (2008): Selbstverantwortung fördern. Lernprozesse begleiten und beraten. Linz

Reichenbach, R. (2007): Soft skills. Destruktive Potentiale des Kompetenzdenkens. In: Pongratz, L. / Reichenbach, R. / Wimmer, M. (Hrsg.): Bildung – Wissen – Kompetenz. Bielefeld. 64ff.

Retzmann, T. (2006): Methodentraining für den Ökonomieunterricht. Schwalbach

Rheinberg, F. (2008): Grundriss der Psychologie. Motivation. 7. Aufl. Stuttgart

Rogers, C. R. (2004): Therapeut und Klient. 18. Aufl. Stuttgart

Rogers, C. R. (2005): Die klientenorientierte Gesprächspsychotherapie. 17. Aufl. Frankfurt

Rogers, C. R. (2006): Entwicklung der Persönlichkeit. 16. Aufl. Stuttgart

Rohlfs, C. / Harring, M. / Palentien, C. (Hrsg.) (2008): Kompetenz-Bildung: Soziale, emotionale und kommunikative Kompetenzen von Kindern und Jugendlichen. Wiesbaden

Roth, G. (2007): Fühlen, Denken, Handeln. Wie das Gehirn unser Verhalten steuert. 4. Aufl. Frankfurt

Roth, G. (2007): Persönlichkeit, Entscheidung und Verhalten: Warum es so schwierig ist, sich und andere zu ändern. Stuttgart

Roth, G. (2008): Das Gehirn und seine Wirklichkeit. 9. Aufl. Frankfurt/M.

Roth, G. / Spitzer, M. / Caspary, R. (2008): Lernen und Gehirn. Der Weg zu einer neuen Pädagogik. 4. Aufl. Freiburg

Roth, H. (1993): Pädagogische Psychologie des Lehrens und Lernens. 16. Aufl. Hannover

Roth, H. (1971): Pädagogische Anthropologie Bd. 1. Hannover

Rousseau, J.-J. (1998): Emil oder Über die Erziehung. Bes. v. L. Schmidts. Stuttgart

Rüedi, J. (2007): Disziplin in der Schule. Plädoyer für ein antinomisches Verständnis von Disziplin und Klassenführung. 3. Aufl. Bern

Sacher, W. (2004): Leistungen entwickeln, überprüfen und beurteilen. Bewährte und neue Wege für die Primar- und Sekundarstufe. Bad Heilbrunn

Saum-Aldehoff, T. (2007): Big Five: Sich selbst und andere erkennen. Düsseldorf

Schaarschmidt, U. (2009): Die Potsdamer Lehrerstudie im Überblick. In. Seminar. H 1

Schäfer, K.-H. / Schaller, K. (1985): Kritische Erziehungswissenschaft und kommunikative Didaktik. Stuttgart

Schaller, K. (1976): Einführung in die kritische Erziehungswissenschaft. In: Schäfer / Schaller: Kritische Erziehungswissenschaft und kommunikative Didaktik. 3. Aufl. Heidelberg. 9-74

Schaller, K. (1986): Einführung in die Kommunikative Pädagogik. Ein Studienbuch. Freiburg

Schaller, K. (1987): Pädagogik der Kommunikation. Annäherungen . Erprobungen. Sankt Augustin

Schmalenbach, J. (2009a): Entlastung im Unterricht. Das Potenzial kooperativer Lernformen. In. Kliebisch, U. / Meloefski, R. (Hrsg.): Lehrer*Gesundheit*. Anregungen für die Praxis. Baltmannsweiler

Schmalenbach, J. (2009b): Schülerselbstbeurteilung in die Praxis. In: Seminar H.

Schnack, J. / Timmermann, U. (2008): Kernkompetenz Selbstständigkeit. In: PÄDAGOGIK H. 9/08. 6-9

Schnack, J. / Timmermann, U. (2008): Kernkompetenz Selbstständigkeit. Was junge Menschen heute lernen müssen. In: PÄDAGOGIK H. 9, S.6-9

Schnebel, S. (2007): Professionell beraten. Beratungskompetenz in der Schule. Weinheim

Schulz v. Thun, F. (2008): Miteinander reden 1. Störungen und Klärungen. Allgemeine Psychologie der Kommunikation. 2. Stile, Werte und Persönlichkeitsentwicklung. Differentielle Psychologie der Kommunikation. 3. Das „Innere Team" und situationsgerechte Kommunikation. Reinbek

Schulz, W. (2002): Die lehrtheoretische Didaktik. In: Gudjons / Winkel: Didaktische Theorien. Hamburg 35-56

Schwarzer, C. / Posse, N. (2005): Beratung im Handlungsfeld Schule. In: Pädagogische Rundschau 59. H 59. 139ff.

Schweer, M. (2008a) (Hrsg.): Lehrer-Schüler-Interaktion. Pädagogisch-psychologische Aspekte des Lehrens und Lernens in der Schule (völlig neu überarb. Auflage). Wiesbaden

Schweer, M. (2008b): Vertrauen im Klassenzimmer. In: Schweer, M. (Hrsg.). Lehrer-Schüler-Interaktion. Pädagogisch-psychologische Aspekte des Lehrens und Lernens in der Schule (völlig neu überarb. Auflage). Wiesbaden

Sedlaczek, R. (2006): Leet & Leiwand. Das Lexikon der Jugendsprache. Wien

Seifert, J. W. (2007): Visualisieren – Präsentieren – Moderieren. 23. Aufl. Bremen

Seitz, H. / Capaul, R. (2007): Schulführung und Schulentwicklung: Theoretische Grundlagen und Empfehlungen für die Praxis. 2 Aufl. Bern

Seiwert, L. J. (2006): Noch mehr Zeit für das Wesentliche. Zeitmanagement neu entdecken. München

Sekretariat der Ständigen Konferenz der Kultusminister der Länder in der Bundesrepublik Deutschland (2004): Standards für die Lehrerbildung: Bildungswissenschaften. http://www.kmk.org/doc/beschl/standards_lehrerbildung.pdf

Seyler, K.-H. (2007): Bildungsstandards Deutsch / Mathematik 5./6. Klasse: Tests zur Leistungsfeststellung. Puchheim

Sharan, S. / Shachar, H. (1988): Language and Learning in the Cooperative Classroom. New York

Simon, P. (2005): Praxisratgeber Projektarbeit. Donauwörth

Simon, W. (Hrsg.) (2006): Persönlichkeitsmodelle und Persönlichkeitstests: 15 Persönlichkeitsmodelle für Personalauswahl, Persönlichkeitsentwicklung, Training und Coaching.

Singer, K. (2008): Elternsprechtag – Wie beim Beichten? Anregungen für das Eltern-Lehrer-Gespräch. http://www.prof-kurt-singer.de/eltern3.htm [18.08.2008]

Skowronek, H. (1982): Psychologische Grundlagen einer Didaktik der Denkerziehung. Kognitive Prozesse und kognitive Strukturen. Hannover

Standop, J. (2005): Werte-Erziehung. Weinheim

Stanford, G. / Schreiner, G. (2002): Gruppenentwicklung im Klassenraum und anderswo. Praktische Anleitung für Lehrer und Erzieher. 3. Aufl. Aachen

Stangl, W. (o. J.): Lernziele. www.paedpsych.jku.at

stern.de (2007): Online-Sucht betrifft oft Jugendliche v. 19.11.2007. [15.08.2008]

Stiller, E. (2005): Lehrer werden – Lerner bleiben. Kompetenzen, Standards und Berufsbiografie. In: Kostrzewa, F. (Hrsg.); Kompetenzen von Lehrerinnen und Lehrern. Tagungsband. Eitorf 2005. 97ff.

Tausch, M. W. / Haas, L. (2003): Die Standard-Matrix, ein Paradigma für den Chemieunterricht. In: Praxis der Naturwissenschaften – Chemie in der Schule, 52 (1), 7

Tausch, R. / Tausch, A.-M. (1998): Erziehungspsychologie. 11. Aufl. Göttingen / Toronto / Zürich

Terhart, E. (2005): Lehr-Lern-Methoden. Weinheim / München

Thiele, H. (1981): Lehren und Lernen im Gespräch. Gesprächsführung im Unterricht. Bad Heilbrunn

Thissen, F. (2003): Multimedia-Didaktik in Wirtschaft, Schule und Hochschule. Berlin
Thissen, F. (o. J.): Lerntheorien und ihre Umsetzung in multimedialen Lernprogrammen. Berlin
Thömmes, A. (2005): Produktive Unterrichtseinstiege. Mülheim
Trenz, G. (2008): Interaktionsprozesse im Unterricht. In: Bovet / Huwendiek: Leitfaden Schulpraxis. 5. Aufl. Berlin. 365-387
Tulodziecki, G. / Herzig, B. (2002): Computer & Internet im Unterricht. Berlin
Unruh, T. / Petersen, S. (2004): Guter Unterricht. Lichtenau
Walen, S. R. / DiGiuseppe, R. / Wessler, R. L. (2005): RET-Training. Stuttgart
Walker, J. (2008): Der gefühlte Sprachverfall. In: taz online 14.6.2008. [15.08.2008]
Watzlawick, P. (2007): Wie wirklich ist die Wirklichkeit? 14. Aufl. München
Watzlawick, P. (2008): Die erfundene Wirklichkeit. München
Watzlawick, P. / Beavin, J. H. / Jackson, D. D. (2007): Menschliche Kommunikation. 11. Aufl. Bern / Stuttgart / Wien
Weick, G. / Schur, W. (2008): Wenn E-Mails nerven. Frankfurt/M
Weidenmann, B. (2006): Gesprächs- und Vortragstechnik. Für alle Trainer, Lehrer, Kursleiter und Dozenten. 4. Aufl. Weinheim
Weidner, M. (2003): Kooperatives Lernen im Unterricht. Das Arbeitsbuch. Seelze-Velber
Weinert, F. E. (2001b): Vergleichende Leistungsmessung in Schulen – eine umstrittene Selbstverständlichkeit. In: Weinert, F. E. (Hrsg.): Leistungsmessung in Schulen. Weinheim und Basel
Weinert, F. E. (Hrsg.) (2001a): Leistungsmessung in Schulen. Weinheim und Basel
Weiß, J. (1996): Selbst-Coaching. 3. Aufl. Paderborn
Wengert, H. G. (2008): Leistungsbeurteilung in der Schule. In: Bovet, S. / Huwendiek, V. (Hrsg.): Leitfaden Schulpraxis. 5. Aufl. Berlin. 294ff.
Wiechmann, J. (Hrsg.) (2008): 12 Unterrichtsmethoden. Vielfalt für die Praxis. 4. Aufl. Weinheim
Willmann, O. (1998): Didaktik der Bildungslehre. 7. Aufl. Freiburg
Winkel, R. (2001) (Hrsg.): Schwierige Kinder – Problematische Schüler. 3. Aufl. Baltmannsweiler
Winkel, R. (2002): Die kritisch-kommunikative Didaktik. In: Gudjons / Winkel: Didaktische Theorien. Hamburg. 93-112
Winkel, R. (2004): Pädagogische Psychiatrie für Eltern, Lehrer und Erzieher. 4. Aufl. Baltmannsweiler
Winkel, R. (2009): Der gestörte Unterricht: Diagnostische und therapeutische Möglichkeiten. 9. Aufl. Baltmannsweiler
Winter, F. (2008): Leistungsbewertung. Eine neue Lernkultur braucht einen anderen Umgang mit Schülerleistungen. 3. unveränderte Aufl. Baltmannsweiler
Winterhoff, M. (2008): Warum unsere Kinder Tyrannen werden. Gütersloh
Winterhoff, M. (2009): Tyrannen müssen nicht sein. Warum Erziehung nicht reicht. Gütersloh
Zimmermann, P. (2003): Grundwissen Sozialisation. 2. Aufl. München
Zimmermann, W.-D. (2003): Gespräche führen, moderieren, beraten. Baltmannsweiler
Zimmermann, W.-D. (2006): Gruppenprozesse simulieren – evaluieren – reflektieren. 3. Aufl. Baltmannsweiler

6.

Register

„Bildung ist, was übrig bleibt, wenn man alles, was man in der Schule lernte, vergessen hat.“

(Albert Einstein)